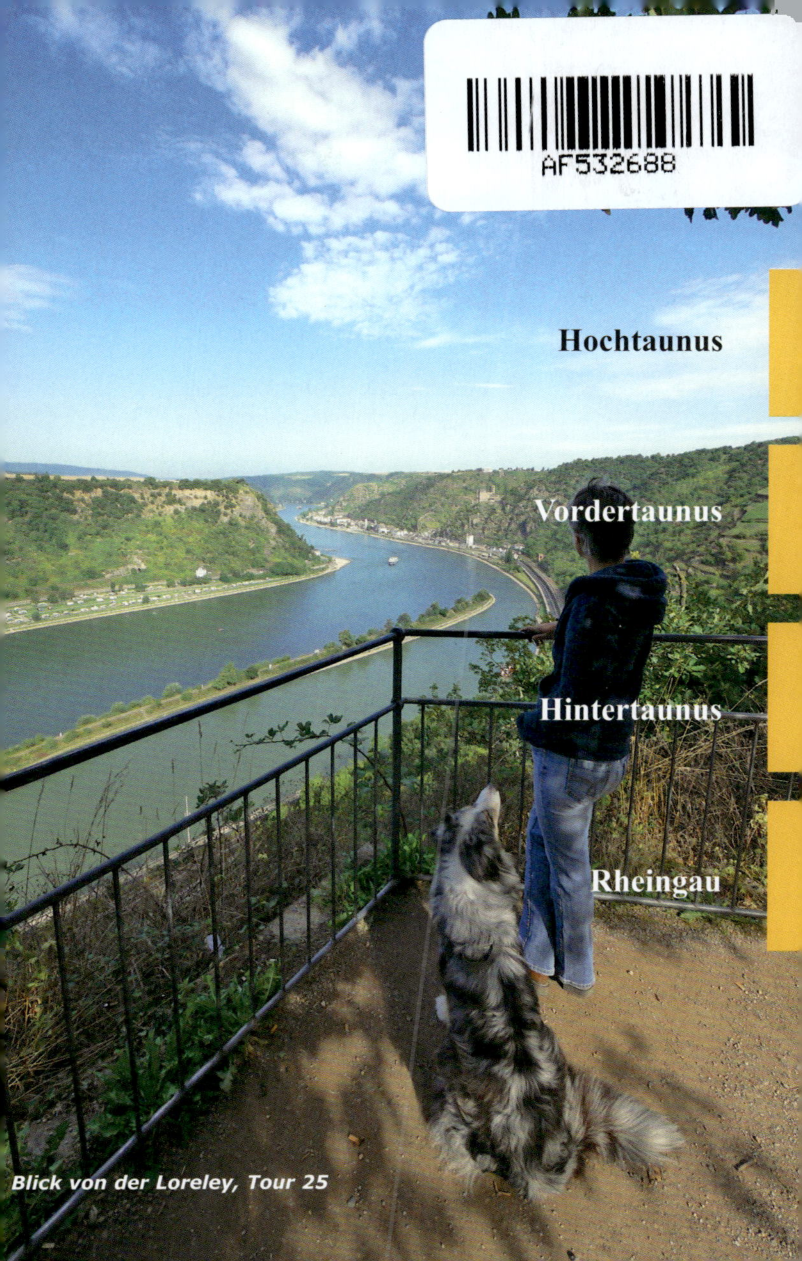

Blick von der Loreley, Tour 25

Taunus und Rheingau

Dieses OutdoorHandbuch wurde konzipiert und redaktionell erstellt vom:

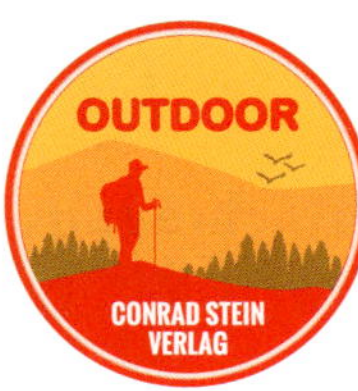

Conrad Stein Verlag GmbH
Kiefernstr. 6, 59514 Welver
☎ 023 84/96 39 12
info@conrad-stein-verlag.de
www.conrad-stein-verlag.de
www.facebook.com/outdoorverlag
www.instagram.com/outdoorverlag

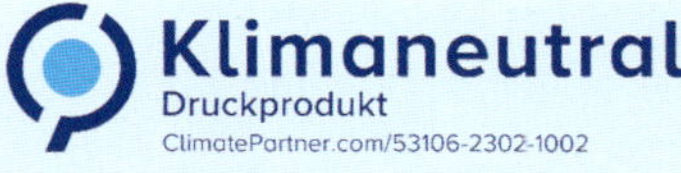

Als Outdoor-Verlag sind uns der Schutz und die Erhaltung der Natur seit jeher ein besonderes Anliegen. Auch in Sachen Klimaschutz haben wir eine Vorreiterrolle inne: Wir sind der einzige Buchverlag in Deutschland, der bereits seit 2008 seine Bücher konsequent klimaneutral in Deutschland produzieren und transportieren lässt. Dabei wird nicht nur klimaneutral, sondern auch nachhaltig, d. h. so umweltschonend wie möglich produziert, z. B. durch die Auswahl von umweltfreundlichen Materialien. Die bei der Produktion der Bücher entstandenen CO_2-Emissionen werden durch die Unterstützung von zertifizierten Klimaschutzprojekten ausgeglichen. Jedes Buch wird daher mit dem Logo „klimaneutral" und einer ClimatePartner-Zertifikatsnummer versehen. Mithilfe dieser Nummer können Sie unter www.climatepartner.com Informationen zu der eingesparten CO_2-Menge und dem Projekt finden, das mit der Abgabe gefördert wird.

Das Engagement des Conrad Stein Verlags wurde im Rahmen des Projekts „Klimaneutraler Buchverlag" mit dem Westenergie Klimaschutzpreis 2022 ausgezeichnet.

OutdoorHandbuch Band 344

ISBN 978-3-86686-761-1 3., überarbeitete Auflage 2023

Text und Fotos: Andrea Preschl
Karten: Manuela Dastig
Lektorat: Anna-Lena Ebner
Layout: Alexandra Sauerland

Gesamtherstellung: AZ Druck und Datentechnik GmbH, Kempten

Dieses OutdoorHandbuch hat 160 Seiten mit 61 farbigen Abbildungen sowie 27 farbigen Kartenskizzen im Maßstab 1:50.000/1:75.000, 27 farbigen Höhenprofilen und einer farbigen, ausklappbaren Übersichtskarte.

Alle Informationen, schriftlich und zeichnerisch, wurden nach bestem Wissen zusammengestellt und überprüft. Sie waren korrekt zum Zeitpunkt der Recherche. Eine Garantie für den Inhalt, z. B. die immerwährende Richtigkeit von Preisen, Adressen, Telefonnummern und Internetadressen, Zeit- und sonstigen Angaben, kann naturgemäß von Verlag und Autor – auch im Sinne der Produkthaftung – nicht übernommen werden.

Autorin und Verlag freuen sich über Ihr Feedback. Schreiben Sie Ihre Tipps und Verbesserungen an info@conrad-stein-verlag.de oder nutzen Sie unsere Social-Media-Kanäle. Bitte nennen Sie dabei Titel, Auflage und Seitennummer.

Dieses Buch ist im Buchhandel und in Ausrüstungsläden erhältlich und kann im Internet oder direkt beim Verlag bestellt werden.

Titelfoto: Blick vom Großen Zacken auf Oberems, Tour 8

Inhalt

☺ Eine **Übersichtskarte** des Weges, **Autorenprofil** sowie eine Liste aller verwendeten **Symbole** in diesem Buch finden Sie auf den vorderen und hinteren Umschlagseiten bzw. -klappen.

Der Taunus

Wie kaum ein anderes deutsches Mittelgebirge zeigt sich der Taunus abwechslungsreich und vielfältig. Begrenzt vom Rhein im Westen, der Lahn im Norden, dem Main im Süden und der Wetterau im Osten umfasst er ein Gebiet von ca. 4.000 km^2 – ein Eldorado für Wanderer.

Die meisten der in diesem Buch beschriebenen Wandertouren liegen im Hochtaunus, nördlich und westlich von Frankfurt, und im Mittelrheintal zwischen Rüdesheim und St. Goarshausen.

Der Hochtaunus war schon sehr früh besiedelt. Kelten und Römer hinterließen ihre Spuren und im Mittelalter führten wichtige Handelswege durch das Rhein-Main-Gebiet. Später lockten Heilquellen und das milde Klima nicht nur gekrönte Häupter zum Kuren in den Taunus, und heute ist die Region u. a. bei Wanderern sehr beliebt. Ein gut ausgebautes Wanderwegenetz bietet Touren für jeden Geschmack.

Der Rheingau und das Obere Mittelrheintal sind berühmt für ihre Weine und die Burgen. Der Wanderer findet hier spektakuläre Panoramablicke auf den Rhein, Weingüter mit gemütlichen Straußwirtschaften und im Hinterland stille Waldpfade mit weiten Blicken über die Hochebene.

Von der kurzen Wanderung, die mit Geocaches gewürzt ist, bis zum anspruchsvollen Wochenendtrip mit Klettersteigpassagen am Rhein ist jede Spielart genussvollen Wanderns in diesem Buch vertreten. Bei allen Touren gibt es Hinweise, ob die Wanderung für Kinder, Hunde oder Buggys geeignet ist, und in vielen Fällen werden Varianten beschrieben, damit Sie die Tour den eigenen Bedürfnissen anpassen können.

Bei fast allen Wanderungen gibt es Einkehrtipps, bevorzugt in Lokalen, die regionale Spezialitäten anbieten.

Oft ändern sich momentan Öffnungszeiten sehr spontan. Bitte informieren Sie sich vor der Tour bei den Lokalen nach den aktuellen Öffnungszeiten.

Viel Spaß beim Wandern, Entdecken und Unterwegssein wünscht Ihnen

Andrea Preschl

Reise-Info

Anreise

Der Taunus liegt mitten in Deutschland und ist somit von der Nordseeküste und von den Alpen gleichermaßen gut zu erreichen.

Um in den Hochtaunus zu gelangen, fährt man am besten über Frankfurt. Die Autobahnen A5 und A3 treffen sich am Frankfurter Kreuz.

Die A66 verbindet Frankfurt und Wiesbaden. Von Wiesbaden führt die B42 in den Rheingau. Linksrheinisch verbindet die A61 Koblenz und Bingen.

Mit dem ICE sind Frankfurt oder Köln sowohl von München als auch von Hamburg oder Berlin in weniger als 4 Std. zu erreichen. Die Strecke Köln – Frankfurt ist in 1 Std. 20 Min. zu bewältigen. Im Rheintal selbst verkehrt die RheingauLinie SE10 im 30-Min.-Takt zwischen Frankfurt und Koblenz.

Standorte und Unterkünfte

Für Ihre Wanderungen im Taunus bietet sich Ihnen, je nach Geschmack und Geldbeutel, eine große Vielfalt von Unterkünften.

Die größte Dichte an Hotels und Gasthöfen im Hochtaunus gibt es rund um Bad Homburg, Schmitten und Bad Soden; hierbei ist das ganze Spektrum vom 5-Sterne-Superior-Schlosshotel (DZ ab € 274) bis zur einfachen Pension (DZ ab € 60) abgedeckt.

Eine gute Alternative, wenn Sie einen Aufenthalt von einer Woche oder länger planen, ist das Mieten eines Ferienhauses oder einer Ferienwohnung (ab ca. € 400/Woche).

Auch für Campingfreunde ist gesorgt: In Kelkheim finden Sie einen Campingplatz (Gimbacher Hof) und Stellplätze für Wohnmobile gibt es in Altweilnau an der Weil (Taunus-Mobilcamp) und am Lindenhof in Bad Homburg.

Im Mittelrheintal finden Sie die gleiche Bandbreite an Unterkünften vor.

Hier kommen zu den Ferienhäusern noch die Übernachtungsmöglichkeiten in Weingütern und Gutshöfen hinzu. Campingplätze finden Sie in Geisenheim, Rüdesheim und Lorch, Wohnmobilstellplätze in Eltville und Bad Schwalbach.

Hilfreiche Informationen zu Unterkünften, Gaststätten und Restaurants bekommen Sie hier:

▷ für den Taunus:

♦ Taunus-Informationszentrum, Hohemarkstr. 192, 61440 Oberursel, ☏ 061 71/507 80, 💻 www.taunus.info, ✍ ti@taunus.info

▷ für den Rheingau und das Mittelrheintal:

♦ Rheingau-Taunus Kultur und Tourismus GmbH, Haus der Region, Rheinweg 30, 65375 Oestrich-Winkel, ☏ 067 23/60 27 20, 💻 www.rheingau.com, ✍ tourist@rheingau.com

♦ Tourist-Info auf dem Loreley-Plateau, Loreley 7, 56348 Bornich, ☏ 067 71/91 00, 💻 www.loreley-touristik.de, ✍ info@loreley-touristik.de

♦ WisperTrails Tourist-Information, Rheinstr. 48, 65391 Lorch am Rhein, ☏ 08 00/947 73 77, ✍ wandern@wisper-trails.de

☺ **Angebote für Wanderer**

Viele Hotels, besonders im Rheingau, bieten spezielle Arrangements für Wanderer an, die zusätzlich zur Übernachtung oft noch eine Fahrt mit dem Schiff oder der Bahn oder Rucksackverpflegung, Kartenmaterial und Gepäcktransport enthalten.

Verkehrsmittel

Im Hochtaunus sind viele Orte an das S-Bahn-Netz des RMV (Rhein-Main-Verkehrsverbund) angeschlossen. So fährt die S2 ab Frankfurt nach Hofheim am Taunus, die S3 nach Bad Soden, die S4 nach Kronberg und die S5 nach Bad Homburg. Die S-Bahnen verkehren alle 20-30 Min.

Die RheingauLinie SE10 verbindet die am Rhein gelegenen Orte zwischen Frankfurt und Koblenz im 30-Min.-Takt, am Wochenende alle 60 Min.

💻 www.rheingaulinie.de

Mit den Bussen des RMV und der RTV (Rheingau-Taunus-Verkehrsgesellschaft mbH) erreichen Sie fast alle entlegenen Winkel des Wandergebietes. Allerdings fahren die Busse oft nur alle 2-3 Std. und am Wochenende nur 2-3 x täglich.

Außerhalb der Hauptverkehrszeiten und auf Nebenstrecken verkehren in vielen Gemeinden sogenannte Sammeltaxis oder Rufbusse. Hierbei muss man seinen Fahrwunsch bis 90 Min. vor Abfahrt telefonisch anmelden, dann erscheint der Bus fahrplanmäßig an der Haltestelle. Dabei gilt der RMV-Tarif. Bestellschluss ist 22:00, maximale Kapazität 8 Personen.

♦ RMV-Service-Telefon: ☏ 069/24 24 80 24, 💻 www.rmv.de

Viele Fahrgastschiffe und zahlreiche Fähren verbinden die Orte am Rhein. Informationen, Preise und Fahrpläne gibt es an den Anlegern vor Ort oder im Internet.

♦ www.k-d.com, www.bingen-ruedesheimer.com

Wanderinfrastruktur

Der Taunusklub e. V. ist einer der ältesten und traditionsreichsten Wandervereine Deutschlands. Bis heute hegt und pflegt er das gut ausgebaute Wanderwegenetz im gesamten Taunus. An vielen Wanderparkplätzen geben Hinweistafeln Informationen zu lokalen Rundwanderwegen, die meistens sehr gut markiert sind.

Es berühren aber auch viele Fernwanderwege die beschriebenen Touren:

- ▷ Rheinsteig: stilisiertes blaues R
- ▷ Rheinsteig-Zustiegsweg: wie Rheinsteig, nur gelb
- ▷ Rheinburgenweg: stilisiertes rotes R mit Burg auf weißem Grund
- ▷ Rheinburgen-Zustiegsweg: wie Rheinburgenweg, nur auf gelbem Grund
- ▷ Wispertaunussteig: stilisiertes weißes W auf grünem Grund
- ▷ Gebück-Wanderweg: zwei ineinander verhakte Bäume
- ▷ Schinderhannespfad: Räuber mit gekreuzten Waffen
- ▷ Limeserlebnispfad: römischer Wachturm
- ▷ Weiltalweg: stilisiertes grünes Blatt

Klima und Reisezeit

Die beliebtesten Jahreszeiten zum Wandern sind das Frühjahr und der Herbst. Von März bis Mai kann man beobachten, wie die Natur nach einem langen Winterschlaf wieder erwacht, und das ist für viele die schönste Zeit, um die Wanderschuhe zu schnüren. Allerdings muss man im April und Mai auch oft mit stärkeren Regenschauern rechnen.

Beständiger ist das Wetter im Herbst. Im September und Oktober verspricht das Barometer oft milde, sonnige Tage.

Das Wandern im Taunus und im Mittelrheintal hat aber zu jeder Jahreszeit seinen besonderen Reiz. Wenn die Schneelage es zulässt, kann man auch im Winter im Taunus wunderbare Wandertage erleben. Allerdings haben von November bis März viele der Gaststätten geschlossen oder nur nach Vereinbarung geöffnet. Das sollten Sie bei der Planung einer Winterwanderung unbedingt bedenken und vorsichtshalber eine Kanne heißen Tee einpacken.

Karten

Zum Wandern sind am besten Karten im Maßstab 1:25.000 geeignet.

Für das Wandergebiet gibt es in diesem Maßstab passende aus dem Verlag NaturNavi. Folgende werden benötigt:

- Blatt 42-555: Rheingau 1:25.000
- Blatt 40-555: Rheinwandern 1 – Loreley – Simmern 1:25.000
- Blatt 46-556: Vordertaunus 1:25.000
- Blatt 47-557: Hochtaunus 1:25.000

Im Maßstab 1:40.000 bzw. 1:50.000 braucht man zwei Karten:

- Blatt 605: Rheingau 1:40.000 aus dem Verlag GW Rheingau-Taunus-Kartographie
- Kompass-Wanderkarte 840: Östlicher Taunus 1:50.000

☺ Die Kartenempfehlungen wurden von der Geobuchhandlung Kiel überprüft. 💻 www.geobuchhandlung.de

Wandern mit Kindern

Manche der Touren führen kurz über felsiges, teils steiles Gelände, was aber den meisten älteren Kindern sehr großen Spaß macht. Dennoch sollten Sie genau abwägen, ob Sie Ihrem Kind eine solche Tour zutrauen können.

Mit jüngeren Kindern ist es meistens sinnvoller, nur eine kurze Wanderung um einen See herum oder am Bach entlang zu machen. Unterwegs helfen Spiele, Singen oder eine Schatzsuche dabei, keine Langeweile aufkommen zu lassen.

📖 **Wandern mit Kind** von Kerstin Micklitza, Conrad Stein Verlag, Basiswissen für draußen, ISBN 978-3-86686-015-5, € 7,90

Wandern mit Buggys

Bei Wanderungen mit Buggy sollten Sie unbedingt darauf achten, dass Sie mit einem qualitativ hochwertigen Geländekinderwagen oder Jogger unterwegs sind. Ein Geländekinderwagen zeichnet sich durch seine gute Federung und seine Standfestigkeit aus. Sogenannte Jogger sind Sportbuggys, die, wie der Name schon sagt, gut zum Joggen oder zum Inlineskaten geeignet sind. Das auffälligste Merkmal bei einem Jogger ist das große Vorderrad, das den Buggy zwar unempfindlicher gegenüber Bodenunebenheiten macht, ihn aber gleichzeitig auch kippeliger werden lässt.

Sowohl beim Geländekinderwagen als auch beim Jogger ist es wichtig, dass sich die Vorderräder feststellen lassen, damit sie sich im unebenen Gelände nicht quer stellen können. Außerdem sollten Sie darauf achten, dass Ihr Kinderwagen eine gute Handbremse hat, mit der Sie das ganze Gefährt auch im bergigen Gelände sicher parken können.

Wandern mit Hunden

Hunde sind ideale Wanderpartner. Sie lieben es, mit ihrem Rudel unterwegs zu sein und spannende Dinge zu erschnüffeln. Doch auch hier gibt es einige Dinge zu beachten:

- ▷ Ihr Hund sollte mindestens 6 Monate alt sein, bevor er Sie das erste Mal auf einer kürzeren Tour begleiten darf. Mit längeren Touren sollten Sie warten, bis der Hund ein Jahr alt ist.
- ▷ Überfordern Sie den Hund nicht. Das gilt besonders für die heißen Sommermonate.
- ▷ Nehmen Sie immer Trinkwasser für Ihren Hund mit.

Mit Hunden unterwegs auf dem Weg, Tour 9

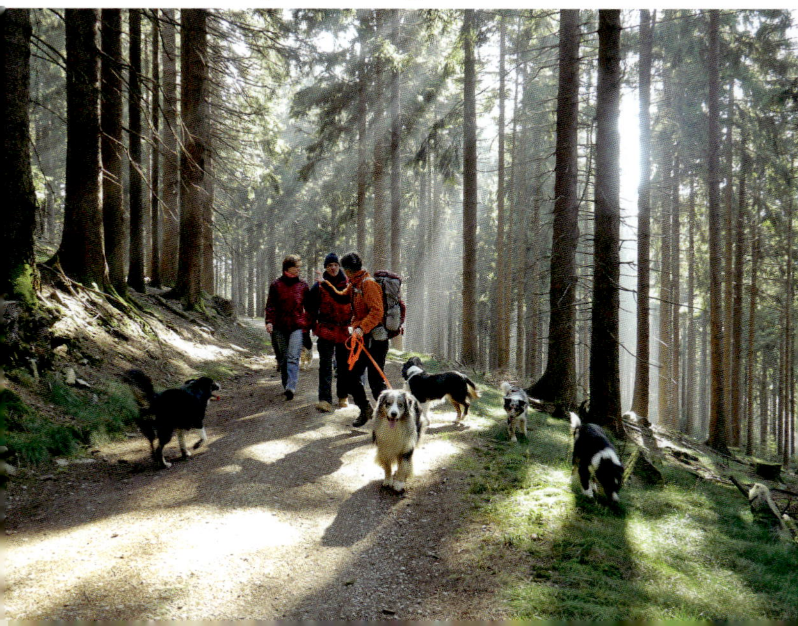

- ▷ Der Taunus ist ein sehr wildreiches Gebiet. Achten Sie darauf, dass Ihr Hund bei Ihnen bleibt und abrufbar ist.
- ▷ In Naturschutzgebieten besteht Anleinpflicht.
- ▷ Nehmen Sie, besonders in Ortschaften und auf Feldern, auf denen Nahrungsmittel produziert werden, die Hinterlassenschaften Ihres Hundes mit. ☺ Nutzen Sie kompostierbare Kotbeutel, die im Notfall – falls mal kein Mülleimer zu finden ist – an unauffälliger Stelle wieder entsorgt werden können.
- ▷ Ein Hundehandtuch im Rucksack erweist gute Dienste, wenn es überraschend regnet und man mit einem nassen Hund in einer Gaststätte einkehren möchte.

Weitere Tipps, Infos und geführte Wanderungen mit Hund gibt es unter 💻 www.trekking-dogs.de.

Updates

Der Conrad Stein Verlag veröffentlicht Updates zu diesem Buch, die direkt von der Autorin oder von den Lesern dieses Buches stammen. Sie finden diese auf der Verlagshomepage 💻 www.conrad-stein-verlag.de. Der abgebildete QR-Code führt Sie direkt dorthin.

GPS

Die GPS-Tracks zu den beschriebenen Wegen können Sie auf der Internetseite des Verlags (💻 www.conrad-stein-verlag.de) herunterladen.

📖 **GPS** Grundlagen · Tourenplanung · Navigation von Michael Hennemann, Conrad Stein Verlag, Basiswissen für draußen, ISBN 978-3-86686-769-7, ca. € 12,90, Neuauflage 2023

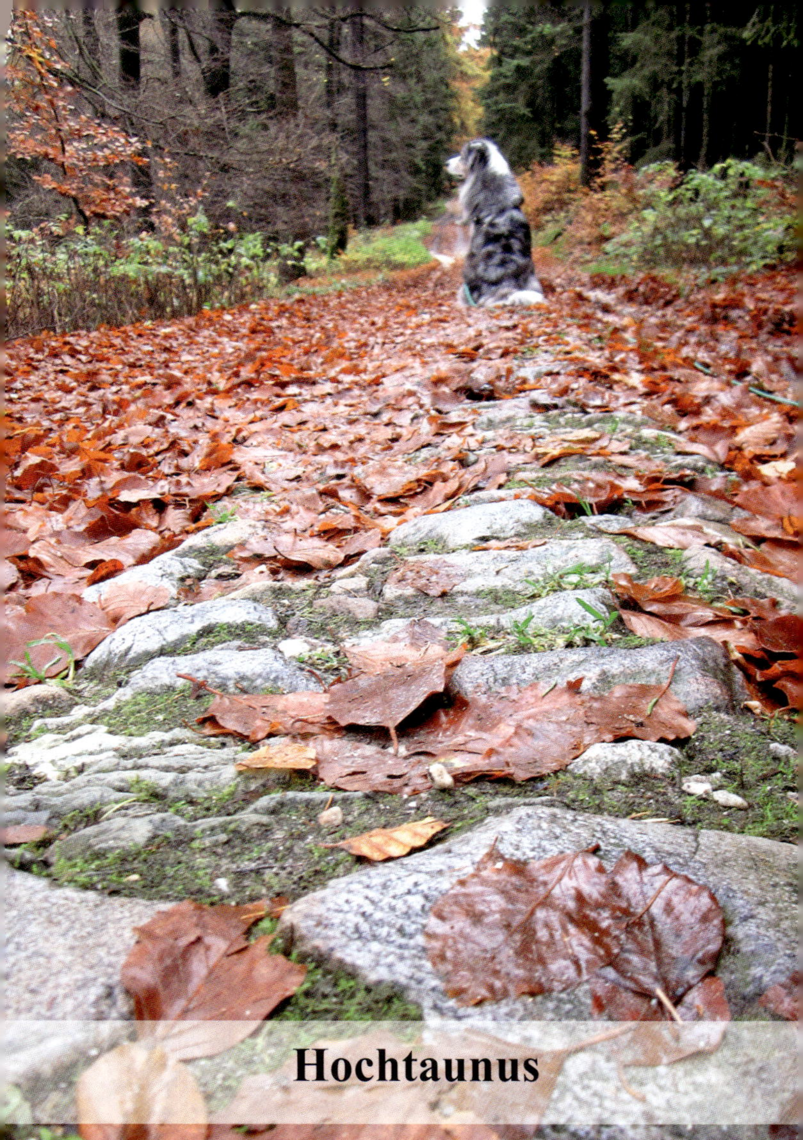

Hochtaunus

Römische Pflasterstraße, Tour 9

❶ Kapersburg und Winterstein

Tour für Naturliebhaber und Freunde der römischen Geschichte

In Ober-Rosbach, direkt an der A5 gelegen, startet dieser Rundkurs. Sie werden überrascht sein, welchen Zauber diese Wanderung entwickelt, die mit der Überquerung einer der meistbefahrenen Autobahnen Deutschlands beginnt. Zum großen Teil über Naturpfade führt der Weg durch schattige Wälder am Limes entlang. Am Weg liegen einige Zeugnisse römischen Wirkens wie das Kastell Kapersburg oder der Wachturm am Gaulskopf, außerdem kommen Sie an einer Bio-Imkerei vorbei. Eine Rast im Forsthaus Winterstein sorgt für eine Stärkung unterwegs.

Start/Ziel: evangelische Stadtkirche Rosbach, Bergstraße, GPS N 50°18.282‘ E 008°41.384‘

18,3 km

ca. 5 Std. 30 Min.

472m/ 472 m

185-518 m

schwarzes Dreieck, Römerturm, schwarzes, liegendes U, roter Punkt, schwarzer Balken

teils über schmale Wanderpfade, teils über etwas breitere Forststraßen, meistens im Schatten

Forsthaus Winterstein (km 10,9)

Schutzhütte (km 2,2), Sitzbänke am Römerkastell (km 5,4)

Aufgrund der Länge ist diese Tour nur für ältere Kinder, die wandererfahren sind und gerne laufen, empfehlenswert. ☺ Alternative: Wildkatzen-Erlebnislehrpfad mit Start am Winterstein (km 13), Länge: 4 km (ohne Zuweg; 6,6 km mit Zuweg)

Für Buggys nicht empfehlenswert – die Fußgängerbrücke über die A5 hat keine Rampe und ein großer Teil des Weges führt über wurzeldurchzogene Naturpfade.

Gut geeignet. Bitte genug Wasser mitnehmen! Wildreiche Gegend

Wanderparkplatz am Ende der Taunusstraße oder Wanderparkplatz Winterstein, 700 m vom Forsthaus Winterstein entfernt (GPS N 50°20.509’ E 008°40.401’)

Bahnhof Rosbach (1,3 km, südöstlich): Regionalbahn RB16 Friedberg – Friedrichsdorf, ca. stündlich

Die Wanderung beginnt an der evangelischen Stadtkirche in Ober-Rosbach. Sie entdecken an einem Laternenpfahl die Markierung „schwarzes Dreieck“, die Sie nun eine ganze Zeit begleiten wird.

Am Ernst-Dondorf-Haus biegen Sie links ab in die Bergstraße und folgen dieser bergauf bis zum ehemaligen Hotel Waldschlösschen.

P Hier oder am Ende der Taunusstraße ❼ finden sich Parkmöglichkeiten.

Sie folgen der Markierung „schwarzes Dreieck" erst links, dann rechts und überqueren auf einer Fußgängerbrücke die A5. Das schwarze Dreieck führt Sie erst rechts und gleich wieder links auf einen schmalen Waldpfad. Je weiter Sie nun in den Wald eindringen, desto leiser wird das Geräusch der Autobahn und Sie werden plötzlich wieder das Rauschen des Windes in den Blättern hören.

Sie gelangen nach 2,2 km an eine Schutzhütte, an der Sie sich links halten und der Beschilderung „Zur Kapersburg über NSG Quarzitbruch" folgen.

Direkt unter Ihnen liegt der ehemalige Quarzitsteinbruch ❶ (km 3,2). Inzwischen wurde aus dem Steinbruch ein Naturschutzgebiet gemacht, das vielen seltenen Tier- und Pflanzenarten ein Zuhause bietet. Im Hintergrund erkennen Sie die Skyline von Frankfurt, hinter der sich die Höhenzüge des Odenwalds und der Bergstraße erheben.

Sie folgen weiter der Markierung „schwarzes Dreieck" und erreichen ca. 2 km nach dem Steinbruch das Kastell Kapersburg ❷ (km 5,4). Ab jetzt folgen Sie der Markierung „Römerturm", zunächst in das Kastell hinein.

⌘ Das Römerkastell Kapersburg ist eine große, parkähnliche Anlage, in der auf zahlreichen Schautafeln sehr anschaulich die Geschichte der Kapersburg und das Leben der römischen Soldaten erklärt wird.

Zahlreiche Sitzbänke laden zum Ausruhen und Verweilen ein.

Die Markierung „Römerturm" führt Sie durch das Westtor aus der Kapersburg und Sie gelangen an die Überreste des sogenannten Balineums, des römischen Badehauses.

Bäder waren ein wesentlicher Bestandteil der römischen Kultur. Nicht nur im fernen Rom, sondern auch in den Provinzen wurden Badeanlagen mit komplizierter Technik errichtet. Über verschieden gemauerte Züge wurden Fußboden- und Wandheizungen versorgt und unterschiedliche Temperaturen in den verschiedenen Räumen erzeugt. Der Besuch der Badeanlage diente nicht nur der körperlichen Hygiene; hier wurden auch Geschäfte besprochen und Politik gemacht.

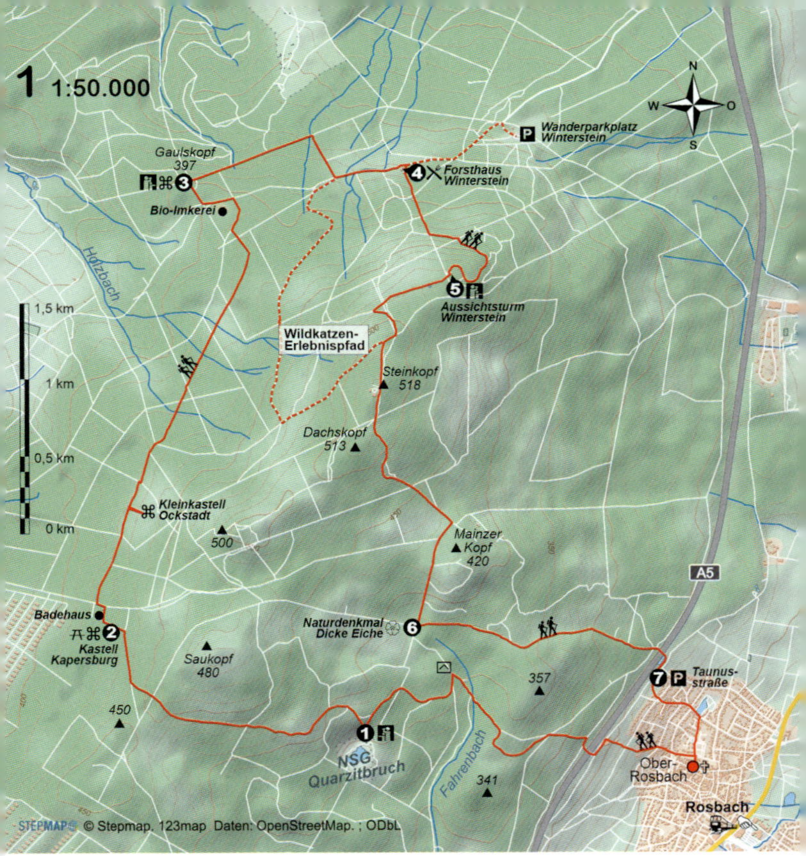

1 1:50.000

Wanderparkplatz Winterstein
Gaulskopf 397
Forsthaus Winterstein
Bio-Imkerei
Holzbach
Aussichtsturm Winterstein
1,5 km
1 km
0,5 km
0 km
Wildkatzen-Erlebnispfad
Steinkopf 518
Dachskopf 513
Kleinkastell Ockstadt
500
Mainzer Kopf 420
A5
Badehaus
Kastell Kapersburg
Naturdenkmal Dicke Eiche
Saukopf 480
357
Taunus-straße
450
NSG Quarzitbruch
Fahrenbach
341
Ober-Rosbach
Rosbach

STEPMAP © Stepmap. 123map Daten: OpenStreetMap. ; ODbL

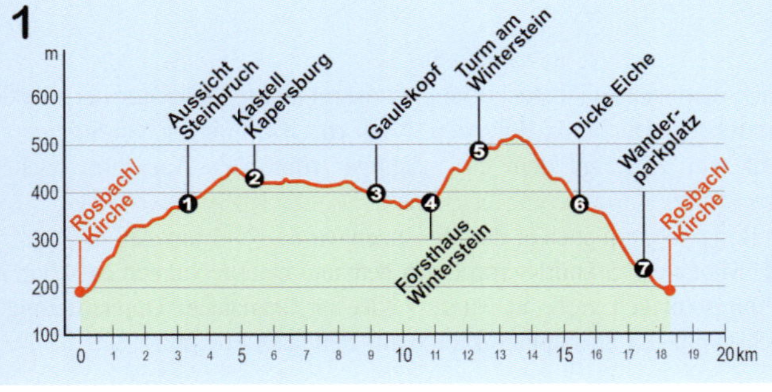

Kastellbäder wie das an der Kapersburg waren oft sehr zweckmäßig und wenig luxuriös gebaut. Da sie sich außerhalb der Kastellmauern befanden, wurden sie sowohl von den Soldaten als auch von der Zivilbevölkerung benutzt.

Ca. 200 m von der Kapersburg entfernt liegt der Limes. Die Markierung „Römerturm" begleitet Sie nun an dieser geschichtsträchtigen Grenze entlang. Der Weg führt über naturbelassene Pfade, die Überreste des Limes-Walls sind mal rechts, mal links des Weges deutlich zu erkennen. Nach ca. 1 km passieren Sie das Kleinkastell Ockstadt, das damals von der Besatzung der Kapersburg mit betreut wurde. Ca. 3 km von der Kapersburg entfernt lag das Kleinkastell Kaisergrube, das ebenfalls zum Einzugsgebiet der Kapersburg gehörte.

Hier verlassen Sie die abenteuerlichen Pfade, die für den Limes typisch sind, und wechseln auf eine breite Forststraße. Nach dem langen Wandern über schmale, enge, abenteuerliche Pfade wird Ihnen die Forststraße nun wie eine prächtige Allee erscheinen. Hier biegen Sie links ab und nach 120 m kann es passieren, dass frei laufende Hühner Ihren Weg kreuzen. Mitten im Wald liegt ein verwunschenes Häuschen: eine Imkerei.

☺ Bio-Imker Timothy Martin von Wehrle, Außenliegend/An der Kaisergrube, 61239 Ober-Mörlen, ☏ 060 02/93 07 18, ✉ timothy.honeybee@t-online.de. Nach Absprache gibt es für Gruppen Vorführungen zum Thema Imkerei und Bio-Honig.

Schon vor 9.000 Jahren ergänzte Honig von wild lebenden Bienenvölkern den Speiseplan der Menschen, was steinzeitliche Höhlenmalereien in Spanien belegen. Bei archäologischen Ausgrabungen der Pharaonengräber in Ägypten wurde Honig als Grabbeigabe gefunden. Er galt als Speise der Götter und Quelle der Unsterblichkeit. Römer und Griechen schließlich kannten und schätzten das süße Naturprodukt als Genuss- und Heilmittel, das auch ihren Speiseplan bereicherte.

Nach dem kleinen Abstecher in die Imkerei folgen Sie weiter der Markierung „Römerturm" in Richtung Butzbach. Nach ca. 300 m erreichen Sie den Gaulskopf ❸ (km 9,2), auf dem ein mächtiger römischer Wachturm nachgebaut wurde.

⌘ Mit einem Grundriss von 8 m x 8 m und einer Höhe von ca. 10 m ist der Turm ungewöhnlich groß. Er wurde 1926 mit finanzieller Unterstützung eines deutschstämmigen Strumpffabrikanten aus den USA erbaut.

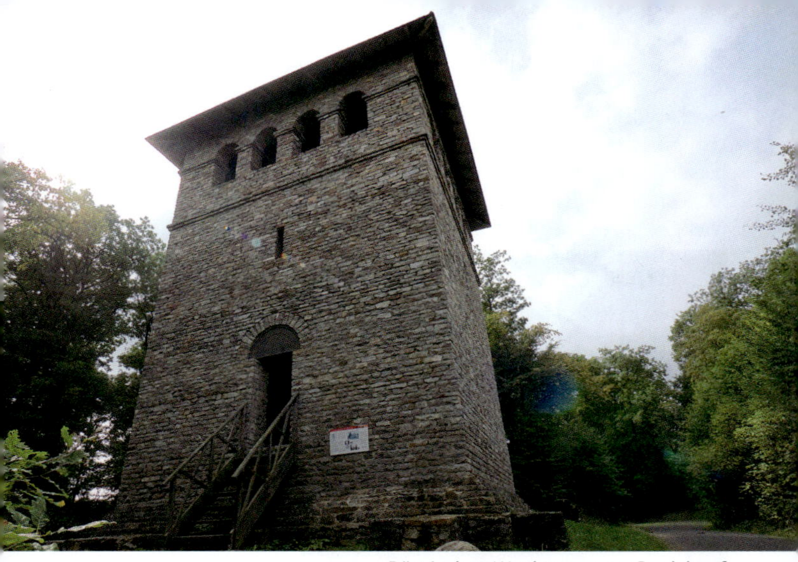

Römischer Wachturm am Gaulskopf

300 m nach dem Gaulskopf zweigt der Limeserlebnispfad mit der Markierung „Römerturm“ links ab. Sie folgen aber dem breiten Weg – nun ohne Markierung – weiter geradeaus.

Nach 600 m nähern Sie sich einer Kreuzung, an der Sie rechts abbiegen. Nach weiteren 300 m biegen Sie links ab und erblicken einige Wegmarkierungen, unter anderem ein schwarzes, liegendes U. Vor Ihnen öffnet sich eine schöne Waldwiese und nach wenigen Hundert Metern haben Sie das Forsthaus Winterstein ❹ erreicht.

✕ Forsthaus Winterstein, Wintersteinstraße, 61239 Ober-Mörlen, ☏ 060 02/303, www.forsthaus-winterstein.de, info@forsthaus-winterstein.de, Mi-Sa 14:00-21:00, So und Fei 11:00-21:00, Mo und Di Ruhetag. Die Öffnungszeiten sind witterungsabhängig und deshalb nicht verbindlich, Gruppen nach Absprache.

☺ Sie können hier oder am 700 entfernten Wanderparkplatz Winterstein eine kleine Rundtour über den Wildkatzen-Erlebnispfad starten. Nicht nur Kinder erfahren auf spielerische Weise mehr über das Leben der sehr seltenen heimischen Wildkatze. An verschiedenen Stationen können die Kinder z. B. wie Wildkatzen klettern oder müssen versteckte Wildkatzen in den Bäumen entdecken. Der Wildkatzen-Erlebnispfad ist sehr gut ausgeschildert und hat, ab dem Wanderparkplatz Winterstein, eine Länge von 6,6 km.

Nach dem Forsthaus biegen Sie rechts ab und können sich weiter an der Markierung „schwarzes, liegendes U“ orientieren. Der schmale Pfad steigt kräftig bergauf und zu der Markierung „schwarzes, liegendes U“ gesellt sich eine runde Markierung mit der Silhouette eines Katzenkopfes, mit der der Wildkatzen-Lehrpfad gekennzeichnet ist.

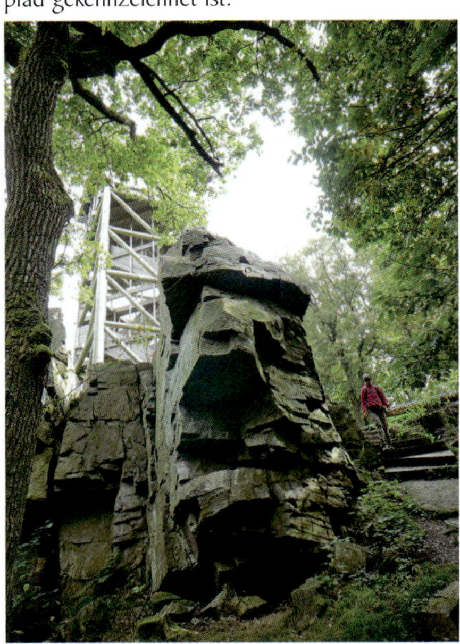

Am Winterstein

Der Pfad wird immer enger und verschlungener. Links und rechts des Weges wachsen Heidelbeeren und ab und zu wird auch mal eine Brombeerranke nach Ihnen greifen. Verwitterte, mit Moos bedeckte Steinquader lassen in der Fantasie Gebäude und Skulpturen entstehen. Sie erreichen den Aussichtsturm Winterstein ❺ (km 12,4).

Sie können dem Wildkatzen-Pfad für ungefähr 900 m folgen, dann biegt er rechts ab und Sie bleiben weiter auf dem asphaltieren Weg, der in Richtung der Sendeanlage am Steinkopf (km 13,6) führt. Hier haben Sie auf einer Höhe von 520 m die höchste Stelle dieser Wanderung erreicht.

Ca. 100 m nach der Sendeanlage verlassen Sie die Markierung „schwarzes, liegendes U“ und folgen ab jetzt für kurze Zeit der Markierung „roter Punkt“. Nach nur 600 m auf schmalen Pfaden bergab folgen Sie nicht mehr dem roten Punkt, der links abzweigt, sondern dem schwarzen Balken geradeaus, der Sie von nun an auf breiten, leicht begehbaren Forstwegen nach Ober-Rosbach bringt.

Am Naturdenkmal Dicke Eiche ❻ biegen Sie links ab, überqueren nach ca. 1,8 km wieder die Autobahn und haben den Wanderparkplatz an der Taunusstraße erreicht ❼. Die Markierung „schwarzer Balken“ führt Sie in die Stadt und Sie laufen die Taunusstraße bergab. In der Nonn biegen Sie rechts ab und haben so den Ausgangspunkt dieser Wanderung, die evangelische Kirche in Ober-Rosbach, erreicht.

2 Saalburg, Herzberg, Limes

Tour für Familien

Auf abenteuerlichen Pfaden führt Sie diese Rundtour zunächst durch die Felsen am Marmorstein. Nach einer gemütlichen Rast am Herzberg können Sie dann das UNESCO-Weltkulturerbe Limes entdecken. Wer mag, kann die Tour mit einem Besuch des Freilichtmuseums Saalburg abschließen.

Start/Ziel: Parkplatz Saalburg, GPS N 50°16.244' E 008°34.125'
7,1 km
ca. 2 Std. 30 Min.
269 m/269 m
389-578 m
rotes Alttier (= Reh), schwarzer Balken, Römerturm
Bequeme Forststraßen und naturbelassene, schattige Pfade im Wechsel. Der Aufstieg zum Herzberg ist auf dem Weg „rotes Alttier“ recht steil.
Landgasthof Saalburg (km 0,2), Berggasthof Herzberg (km 3,7)
An den Marmorsteinen kann man auf Steinen sitzen und eine Pause machen (km 2,3).
Besonders das Stück durch die Marmorsteine wird Kindern großen Spaß machen. Die Felsen sind nicht gesichert.
Diese Tour ist für Buggys nicht empfehlenswert. Wer mit Buggy oder Kinderwagen unterwegs ist, sollte die gut ausgeschilderte Forststraße von der Saalburg zum Herzberg nehmen.
Hunde sind im Museum und im Berggasthof Herzberg erlaubt. Im Landgasthof Saalburg bitte unbedingt vorher nachfragen.
P Direkt am Museum Saalburg befindet sich ein großer Parkplatz, an Wochenenden kann hier viel Trubel sein.
RMV-Linie 5 Bad Homburg/Gonzenheim – Saalburg, ca. alle 30 Min.
kombinierbar mit Tour 3: Zur Gickelsburg

Die Gegend rund um die Saalburg ist ein beliebtes Ausflugsgebiet im Rhein-Main-Gebiet, in dem ein gut markiertes Wegenetz entstanden ist. Lassen Sie sich zu Beginn der Wanderung nicht von der Vielzahl der Markierungen irritieren. Haben Sie erst einmal die richtige Markierung entdeckt, dann ist der restliche Weg sehr leicht zu finden. Auch im weiteren Verlauf des Weges sind ausreichend Markierungen vorhanden und die Orientierung fällt sehr leicht.

Vom Haupteingang der Saalburg gehen Sie in Richtung des Landgasthofes Saalburg und folgen dem Hinweisschild „Zur Jupitersäule".

✕ Landgasthof Saalburg, An der Jupitersäule 1, 61350 Bad Homburg, ☏ 061 75/796 20, www.landgasthof-saalburg.de, info@landgasthof-saalburg.de, 12:00-22:00, auf Anfrage

Die Jupitersäule wurde zu Beginn des 20. Jh. als weitere Attraktion zur Eröffnung des gerade rekonstruierten Römerkastells Saalburg aufgestellt. Sie ist das erste Zeugnis römischer Kultur, das Ihnen auf dieser Wanderung am Wegesrand begegnet, und es werden noch einige folgen.

Das Römische Reich erstreckte sich vom 1. bis zum 6. Jh. über große Teile Europas, Vorderasiens und Nordafrikas. Der Limes (lat. für „Grenze") kennzeichnete, wie der Name schon sagt, die Grenzen des Römischen Reiches. Entlang dieser Grenze entstand eine Vielzahl römischer Kastelle, die die Grenzsicherung gewährleisten sollten. Unter Kaiser Hadrian entstand ca. 130 n. Chr. an der Stelle der heutigen Saalburg ein für die damalige Zeit sehr großes Kohortenkastell, das mit ca. 500 Mann besetzt war. Nachdem der Limes und die den Limes bewachenden Kastelle um 260 n. Chr. von den Römern aufgegeben worden waren, verfiel auch dieses große Römerkastell.

Nachdem namhafte Archäologen Ende des 19. Jh. im Taunus zahlreiche Funde aus der Zeit der Römer gemacht hatten und das allgemeine Interesse an der Antike wuchs, wurde im Oktober 1900 der Wiederaufbau des römischen Kohortenkastells Saalburg in Angriff genommen. Sieben Jahre später wurde es eröffnet und seit dieser Zeit von über 10 Mio. Menschen besucht. Damit sind dieses Römerkastell und der dazugehörende archäologische Park das mit Abstand meistbesuchte Museum Hessens.

Die Saalburg ist das einzige wiederaufgebaute Römerkastell am Limes und gehört seit 2007 zum UNESCO-Weltkulturerbe Limes.

⌘ Römerkastell Saalburg, Saalburg 1, 61350 Bad Homburg v. d. Höhe, ☏ 061 75/937 40, www.saalburgmuseum.de, März-Okt tägl. 9:00-18:00, Nov-Feb Di-So 9:00-16:00, am 24. und 31.12. geschlossen

Der weitere Weg ist mit einem roten Alttier gekennzeichnet. (Mit „Alttier" wird in der Jägerfachsprache ein weibliches Rehwild bezeichnet, das schon Nachwuchs hatte.) An der Jupitersäule halten Sie sich rechts und wandern gemütlich auf breitem Forstweg bergauf.

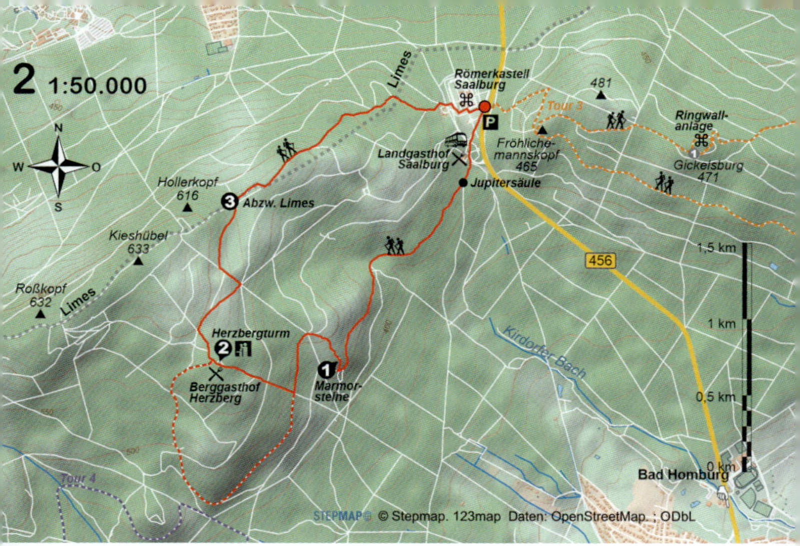

2 1:50.000

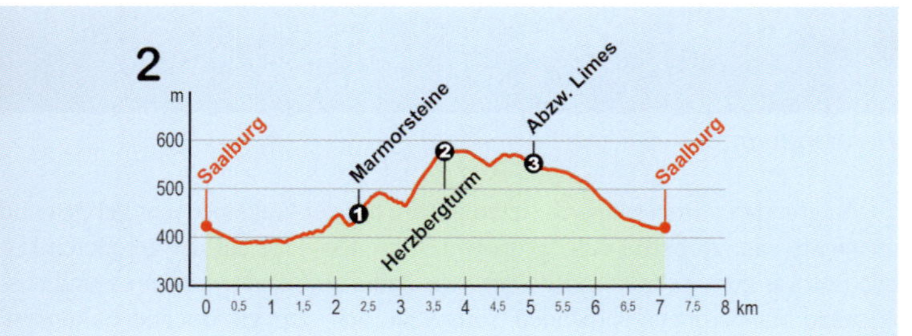

An der nächsten Weggabelung verlassen Sie den breiten Forstweg und wenden sich rechts dem etwas schmaleren Pfad zu. Dieser führt stetig bergauf, bis Sie zu der Felsgruppe Marmorsteine ❶ gelangen.

Bei den Marmorsteinen handelt es sich um ein kleines Naturschutzgebiet mit einer malerischen Felsgruppe aus Quarzitgestein, dessen marmorartige Maserung der Felsgruppe wohl ihren Namen gegeben hat.

In einer lang gestreckten Rechtskurve zweigt der mit dem roten Alttier markierte Weg scharf rechts ab. Der Weg führt nun als Pfad durch die zerklüfteten Felsen. Bei gutem Wetter haben Sie hier eine grandiose Aussicht ins Rhein-Main-Gebiet, von den Wolkenkratzern Frankfurts bis zum Flughafen. Der weitere Verlauf der Strecke verlangt ein bisschen Spürsinn und ein gutes Auge.

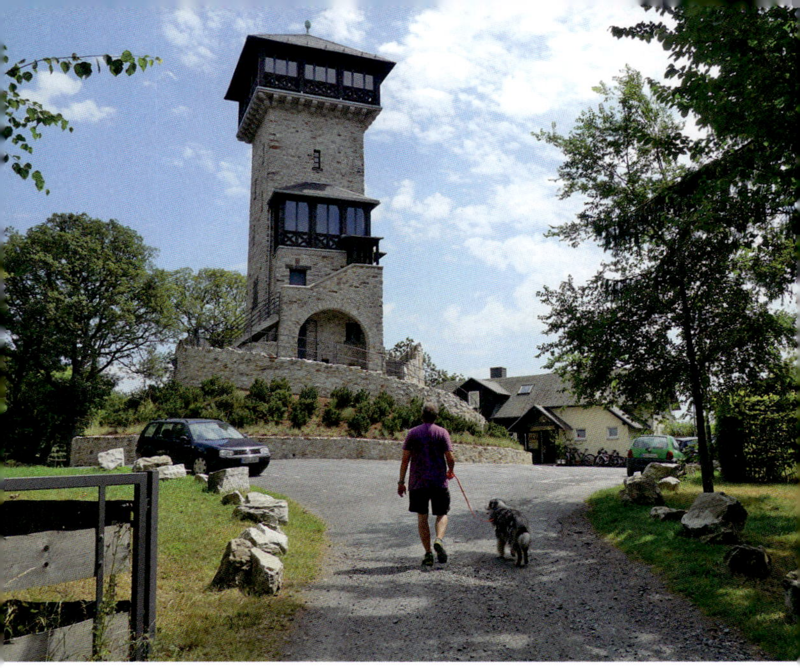

Herzbergturm

Aufgrund der Trockenheit der letzten Jahre hat der Wald hier sehr gelitten und es musste eine größere Fläche gerodet werden. Der Pfad auf der gerodeten Fläche ist zwar zum Zeitpunkt der Recherche kaum zu erkennen, aber es sind ausreichend Markierungen vorhanden, sodass Sie sich ganz gut orientieren können.

Nach diesem kurzen weglosen Abenteuer gelangen Sie wieder auf eine Forststraße, an der Sie weiter der Markierung „rotes Alttier" folgen. Der Weg führt nun leicht bergab. Nach ca. 400 m zweigt er scharf rechts ab. Als schmaler, sehr steiler Bergpfad führt Sie die Spur in gerader Linie bergauf. Dieses Teilstück ist recht anstrengend. Nach ca. 500 m und ca. 90 Höhenmetern blitzt endlich das Dach des Herzbergturms durch das Blätterwerk.

↳ Alternativ können Sie unten auf dem breiten Weg noch ca. 1 km geradeaus gehen, am nächsten Abzweig rechts abbiegen und dann nach weiteren 300 m dem Pfad mit der Markierung „schwarzes Wildschein" bergauf folgen. Sie überqueren einige Mal breite Forststraßen und haben nach weiteren 1,3 km den Herzbergturm erreicht.

Der Herzbergturm ❷ ist ein 25 m hoher Aussichtsturm, der einem römischen Wachturm nachempfunden wurde. Etwa zur gleichen Zeit gebaut wie das Römerkastell Saalburg, ca. um 1900, erfreuen sich der Herzbergturm und die gegenüberliegende Gaststätte seit damals großer Beliebtheit. Nachdem der renovierungsbedürftige Turm einige Zeit geschlossen war, ist er nun nach seiner Renovierung wieder zugänglich. Für 50 Cent kann man den Turm erklimmen und hat von oben einen wunderbaren Rundumblick.

Hier oben ist gut vorstellbar, wie sich einst römische Streckenposten verständigt haben: Auf exponierten Kuppen standen in Sichtweite zueinander solche oder ähnliche Türme und so konnten Nachrichten mithilfe von Fackel- oder Flaggensignalen schnell über weite Strecken übermittelt werden.

Im beliebten Berggasthof Herzberg bietet sich die Gelegenheit zu einer kleinen Rast.

Berggasthof Herzberg, Herzbergturm 1, 61350 Bad Homburg, ☏ 061 72/764 61 61, www.gasthofherzberg.de, info@gasthofherzberg.de, Di-Do, So + Fei 11:00-18:00, Fr + Sa 11:00-20:00, Mo Ruhetag

Nach der wohlverdienten Einkehr wandern Sie über das Plateau des Herzbergs hinweg und folgen wieder der Markierung „rotes Alttier“. Nach ca. 100 m auf der Forststraße zweigt der Weg als Pfad rechts ab. An der nächsten Forststraße angelangt biegen Sie erneut rechts ab. Nach ca. 400 m gehen Sie nach links, verlassen die Markierung „rotes Alttier“ und folgen ab jetzt dem schwarzen Balken, bzw. der Beschilderung „Elisabethenpfad“.

Witzbolde haben in mühevoller Kleinarbeit die schwarzen Balken teilweise mit Smileys verschönert. Lassen Sie sich hiervon nicht irritieren.

Schon bald zweigt der Weg rechts ab. Folgen Sie dem Pfad bergab, bis Sie an einer Wegkreuzung auf die Markierung Römerturm treffen ❸. Hier biegen Sie rechts ab und folgen ab jetzt immer weiter der Markierung „Römerturm“. Sie laufen jetzt parallel zum Limes und etwas verborgen im Unterholz können Sie links sogar den Erdwall des ehemaligen Limes erkennen. Der Weg führt nun stetig bergab. Hin und wieder kreuzt er Forststraßen, doch schon nach kurzer Zeit führt der mit einem Römerturm markierte Weg immer wieder als Pfad in den Wald. Schließlich sehen Sie die Gebäude der Saalburg vor sich liegen. Sie halten sich nun rechts und gelangen so wieder an den Ausgangspunkt dieser Wanderung.

Wer will, kann diesen kleinen Ausflug ins Römische Reich mit einem Besuch des Museums Saalburg abschließen.

❸ Zur Gickelsburg

Tour für Familien und Naturfreunde

Nur ca. 1 km vom bekannten Römerkastell Saalburg entfernt liegt die Ringwallanlage der alten Keltensiedlung an der Gickelsburg versteckt im Wald. Überwiegend durch Wald führt Sie diese einfache Rundwanderung auf breiten Forstwegen zu den steinernen Überresten aus der Keltenzeit. Weiter geht es zum Naturdenkmal Batzenbäumchen und zum Pelagiusplatz, an dem Sie einen prächtigen Blick auf die Skyline von Frankfurt genießen können.

Start/Ziel: Parkplatz Saalburg, GPS N 50°16.240' E 008°34.118'
8,2 km
ca. 3 Std.
210 m/210 m
357-475 m
blauer Balken, schwarzer Balken, roter Balken
meist breite Forstwege, wenig Schatten, kann im Sommer sehr heiß werden
Landgasthof Saalburg (500 m vom Start/Ziel)
Batzenbäumchen (km 3,5), Pelagiusplatz (km 5)
An der Gickelsburg lassen sich Ringwälle und Steinmänner entdecken.
Beschwerlich, da durch Forstarbeiten die Wege teilweise etwas ausgefahren sind.
Geeignet. Wasser für unterwegs mitnehmen, sehr wildreiche Gegend!
Direkt am Museum Saalburg befindet sich ein großer Parkplatz. An Wochenenden kann dieser allerdings schnell belegt sein.
RMV-Linie 5 Bad Homburg/Gonzenheim – Saalburg, ca. alle 30 Min.
kombinierbar mit Tour 2: Saalburg, Herzberg, Limes

Das Römerkastell Saalburg ist ein beliebtes Ausflugsziel im Taunus und besonders an Wochenenden kann hier auch mal viel Trubel sein.

Diese Wanderung bringt Sie allerdings schnell in die ruhigere und weniger bekannte Region rund um die Gickelsburg.

⌘ Römerkastell Saalburg, Saalburg 1, 61350 Bad Homburg v. d. Höhe, 061 75/937 40, www.saalburgmuseum.de, März-Okt tägl. 9:00-18:00, Nov-Feb Di-So 9:00-16:00, am 24. und 31.12. geschlossen

Landgasthof Saalburg, An der Jupitersäule 1, 61350 Bad Homburg, 061 75/796 20, www.landgasthof-saalburg.de, info@landgasthof-saalburg.de, 12:00-22:00, bitte vorher nachfragen

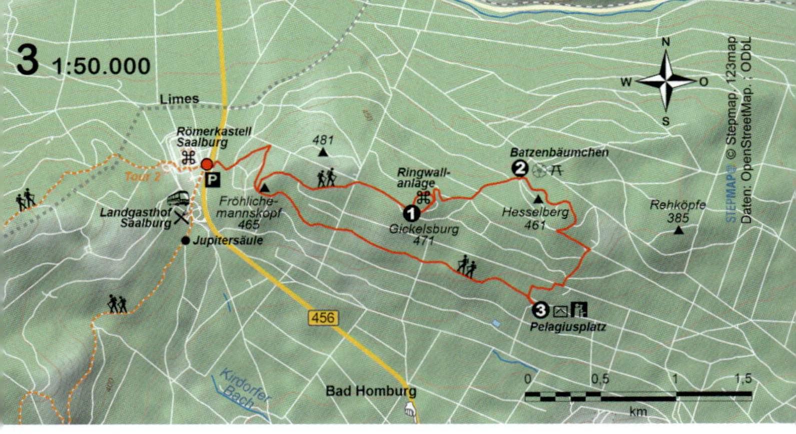

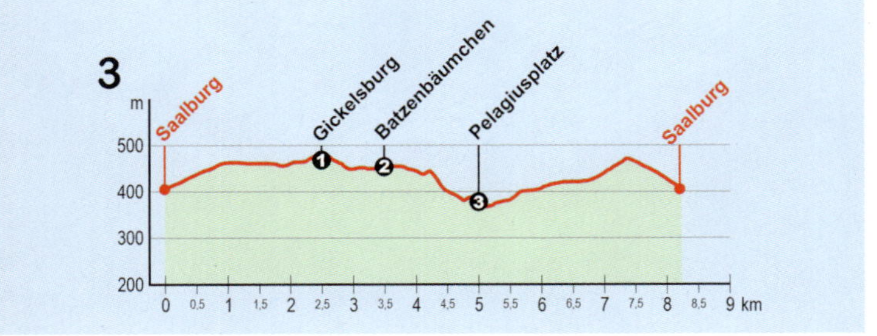

Am Parkplatz der Saalburg gehen Sie zur Fußgängerbrücke über die B456. Sie finden hier eine große Anzahl von Markierungen, unter denen Sie einen blauen oder roten Balken ausfindig machen müssen. Sie gehen über die Brücke und halten sich nach ihr links, um gleich wieder rechts abzubiegen. Der Weg führt leicht bergauf in den Wald und nach ca. 750 m trennen sich die Wege des blauen und des roten Balkens. Sie entscheiden sich für den blauen und biegen links ab.

Rechts von Ihnen liegt die Erhebung des Fröhlichemannskopfs. Sie wandern auf bequem zu gehenden, breiten Wegen, bis Sie ca. 1 km nach der Weggabelung den 471 m hohen, unscheinbaren Gipfel des Berges Gickelsburg ❶ erreichen, dessen Kuppe von ⌘ keltischen Ringwällen umschlossen ist (km 2,5).

Die Kelten bzw. Gallier waren ein indogermanischer Volksstamm, der zwischen 650 und ca. 50 v. Chr. große Teile Europas bevölkerte. Die heute wohl bekanntesten Vertreter der Gallier sind Asterix und Obelix, die einen zwar historisch nicht verbürgten, aber dennoch sehr eindrücklichen Einblick in das keltische Leben vor über 2.000 Jahren gewähren.

Aufgrund fehlender Schriftaufzeichnungen gibt es bis heute keine wirklichen Zeugnisse über das alltägliche Leben aus keltischer Sicht. Einzig archäologische Funde und die eher problematischen, weil aus der Sicht des Feindes geschriebenen Werke der Römer, wie z. B. Cäsars „De Bello Gallico“, lassen Rückschlüsse zu.

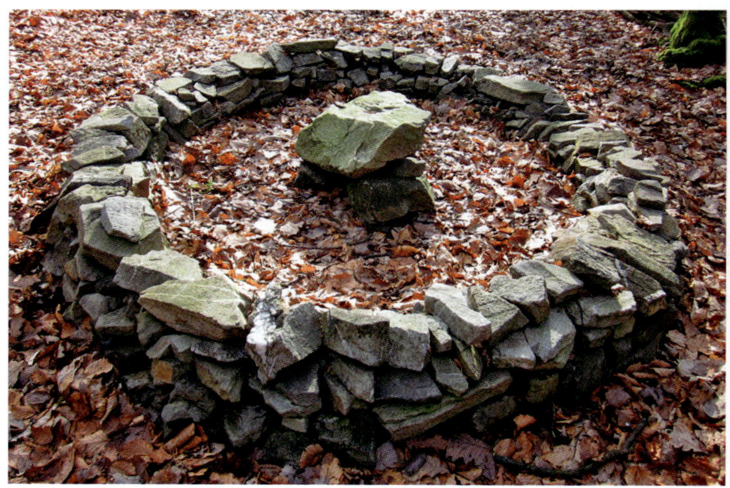

Gickelsburg

Nach der Erkundung der Gickelsburg und der eventuellen Umrundung der Ringwälle folgen Sie weiter der Markierung „blauer Balken“, die Sie an der steileren Ostseite des Gipfels bergab führt. Leider hat auch hier die Trockenheit der vergangenen heißen Sommer ihre Spuren hinterlassen. Es mussten vielen Bäume gefällt werden und so ist eine größere Kahlfläche entstanden. Ca. 900 m nach der Gickelsburg haben Sie das recht unscheinbare ✿ Naturdenkmal Batzenbäumchen ❷ erreicht, an dem eine ⛼ Bank zur Rast einlädt (km 3,5).

✿ Beim Batzenbäumchen handelt es sich um die Fragmente einer uralten Eiche, deren Name von Heller und Batzen, einer alten Währung, herrührt. Entweder war hier ein alter Handelsplatz, an dem Geld getauscht wurde, oder es war der Platz, an dem die Marktfrauen Pause machten und ihr Geld (Batzen) zählten, wenn sie vom Markt in Friedrichsdorf kamen und in die umliegenden Dörfer nach Hause gingen. Genaueres ist nicht bekannt.

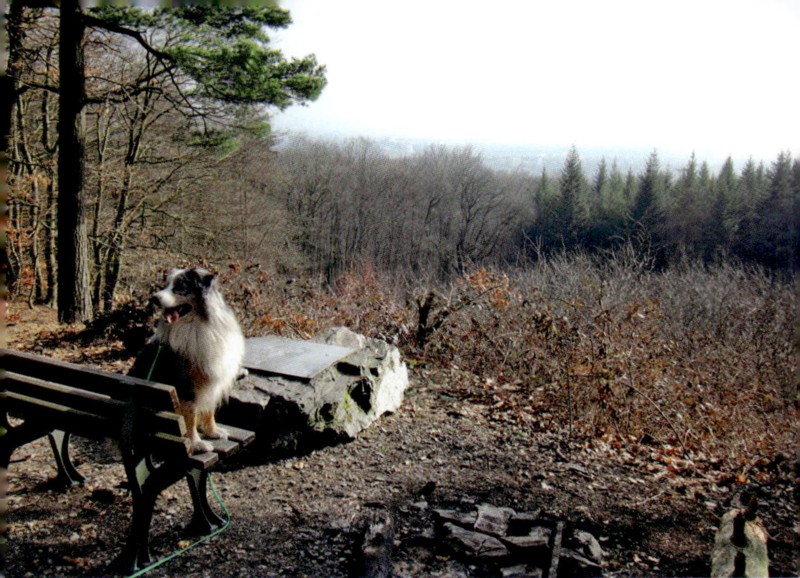

Pelagiusplatz

🌐 GC23CZN Batze-Bäumchen, Schwierigkeit 2, Gelände 2, Tradi, Small

Am Batzenbäumchen verlassen Sie die Markierung „blauer Balken", biegen halb rechts in den Weg ab und folgen ab jetzt der Markierung „schwarzer Balken". Der gut markierte Weg führt Sie am Hesselberg entlang, der rechts von Ihnen liegt.

Auf den nächsten 2 km begleitet Sie die Markierung „schwarzer Balken". Mal linksherum, mal rechtsherum, mal auf schmalem Pfad, mal auf breitem Weg, aber immer leicht bergab.

Ca. 1,8 km nach dem Batzenbäumchen erreichen Sie eine Weggabelung, an der Sie später rechts weitergehen. Vorher machen Sie aber noch einen Abstecher zum links an der Weggabelung liegenden Rastplatz Pelagiusplatz mit Hütte und – bei gutem Wetter – grandioser Aussicht auf die Skyline von Frankfurt ❸ (km 5).

Zurück an der Weggabelung orientieren Sie sich an der Markierung „roter Balken", die Sie von jetzt an gemütlich auf einem breiten Wanderweg durch den Wald führt. Erst verläuft der Weg auf ebener Strecke, später geht es noch einmal kurz bergauf. Dann haben Sie die Wegkreuzung erreicht, an der Sie zu Beginn der Wanderung die Markierung „blauer Balken" um den Fröhlichemannskopf herum gewählt haben. Jetzt bleiben Sie auf dem Weg geradeaus und wandern auf bekanntem Weg zurück zum Parkplatz der Saalburg.

4 Geocaching am Hirschgarten

Tour für Geocacher und solche, die es werden wollen

Geocaching ist eine Art Schnitzeljagd, die Sie mithilfe von GPS-Koordinaten zu versteckten „Schätzen" führt. Zwischen Hirschgarten, Bleibeskopf und dem Forellengut Herzberger befindet sich ein wahres Geocaching-Eldorado, denn hier lassen sich entlang des Weges ca. 25 Geocaches heben. Sollten Sie noch nicht zu den GPS-Schatzsuchern gehören, dann wird Sie auf dieser leichten, buggyfreundlichen Rundwanderung die landgräfliche Gartenlandschaft mit ihren teils exotischen Baumriesen und plätschernden Bächen auch ohne Cache-Suche bezaubern.

Start/Ziel: Parkplatz/Bushaltestelle Hirschgarten, GPS N 50°14.165' E 008°33.585'

7,8 km (ohne Cache-Suche)

ca. 3 Std. (ohne Cache-Suche)

260 m/260 m

280-440 m

roter Hirsch, schwarzes Wildschwein, blaue Libelle

schattige Wald- und Forstwege

Landgasthaus Hirschgarten (200 m vom Start/Ziel), Forellengut Herzberger (bei km 6)

Am Elisabethenstein (km 0,6 bzw. km 7,2) bietet sich eine Rast an.

Wildpark am Hirschgarten, Kindern gefällt die Schatzsuche beim Geocaching gut.
☺ Minigolfanlage am Hirschgarten

Die Wanderung führt über breite Forstwege (ohne Cache-Suche) und ist somit sehr buggyfreundlich. Die Caches liegen allerdings oftmals mitten im Wald und sind somit für Buggys kaum erreichbar.

Für Hunde ist die Tour gut machbar, führt aber meist über breite Forststraßen.

Am Start/Ziel. An Wochenenden kann hier viel Betrieb sein.

RMV-Linie 11 Bahnhof Bad Homburg – Hirschgarten, stündlich; Linie 1 (nur am Wochenende)

Der erste Geocache wurde am 2. Mai 2000 versteckt und im Internet veröffentlicht. Seitdem hat Geocaching eine stetig wachsende Fangemeinde, denn es gibt für jeden Geschmack etwas zu entdecken. Die Caches sind in unterschiedliche Typen und Schwierigkeitsgrade kategorisiert. So gibt es zum Beispiel den „Traditional", das ist der einfachste Cache. Es gibt den „Multi-Cache", der aus mehreren Stationen besteht, oder den „Rätsel-Cache", bei dem die Koordinaten erst durch das Lösen einiger Rätsel herausgefunden werden können.

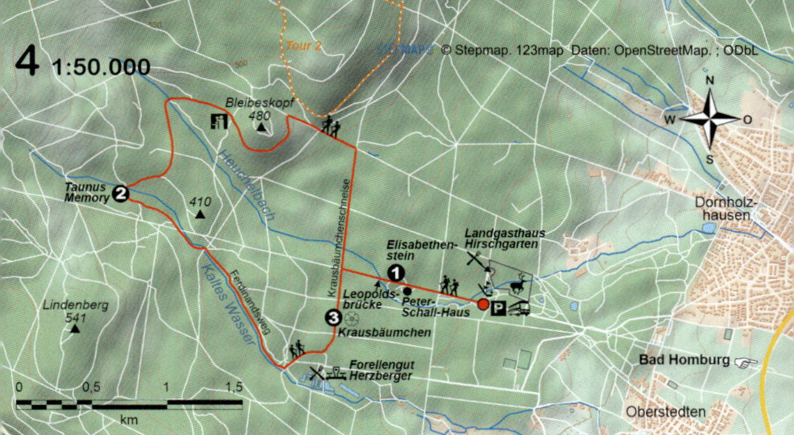

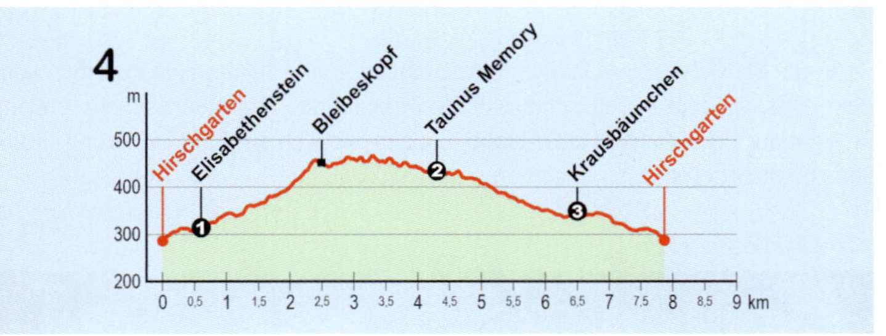

Um Geocaching auszuprobieren, brauchen Sie ein GPS-Gerät oder ein Smartphone mit einer entsprechenden App, um sich die Geocaches anzeigen zu lassen, und los geht's. Wertvolle Tipps und Infos finden Sie unter www.geocaching.com oder in den folgenden Büchern:

- **Geocaching I** – Alles rund um die moderne Schatzsuche von Markus Gründel, Conrad Stein Verlag, ISBN 978-3-86686-744-4, € 12,90
- **Geocaching II** – von Mysterys, Rätseln und Lösungen von Markus Gründel & Steven Ponndorf, Conrad Stein Verlag, ISBN 978-3-86686-428-3, € 9,90
- **Geocaching III** – Voll im Bilde beim GPS-Abenteuer von Markus Gründel & Melanie Lipka, Conrad Stein Verlag, ISBN 978-3-86686-494-8, € 9,90

Der Hirschgarten, der Forstgarten und die Elisabethenschneise gehören zur landgräflichen Gartenlandschaft, die ab 1770 von der Landgrafenfamilie Hessen-Homburg gestaltet und gepflegt wurde. So finden sich auch heute noch links und rechts des Weges exotische Baumriesen aus aller Herren Länder.

Der Hirschgarten mit seinem Wildpark lockt nicht nur am Wochenende viele Ausflügler an, die die Rehe und Hirsche im Gehege aus der Nähe betrachten wollen. Auch an Wochentagen kann man hier gut speisen, eine Runde Minigolf spielen oder den ersten Geocache loggen.

Restaurant Hirschgarten, Elisabethenschneise, 61350 Bad Homburg, ☏ 061 72/99 76 88, www.hirschgarten-badhomburg.de, Mi-So und Fei 12:00-21:30 (Küche bis 20:30), Mo + Di Ruhetag

Minigolfanlage Hirschgarten, Elisabethenschneise, 61359 Bad Homburg, ☏ 061 72/333 75, www.bgsv-badhomburg.de, April-Sep Di-Fr 13:00-20:00, Sa ab 12:00 So ab 10:00

GC1FT66 Hirschgarten, Schwierigkeit 1,5, Gelände 1,5, Tradi, Regular

Wenn Sie sich vom vielfältigen Freizeitangebot am Hirschgarten losreißen können, dann wandern Sie die schnurgerade verlaufende Elisabethenschneise entlang in Richtung Peter-Schall-Haus. Dabei können Sie sich an der Markierung „roter Hirsch“ orientieren.

Am Elisabethenstein

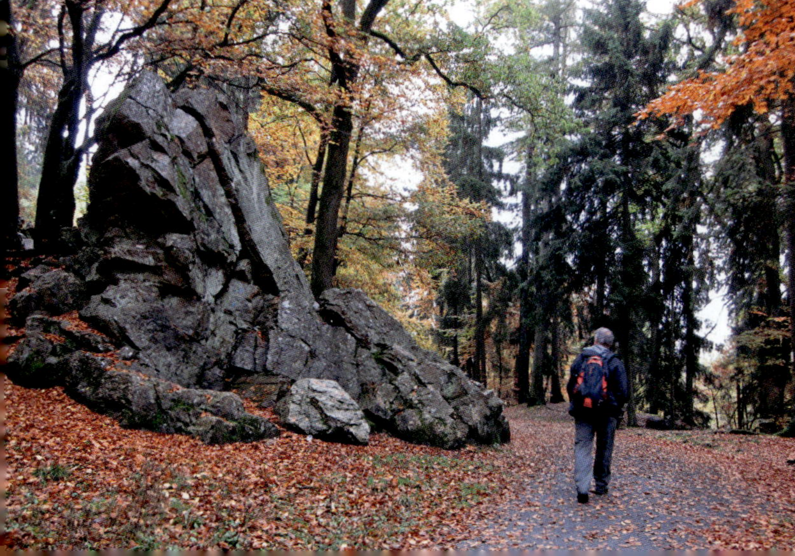

- GC33EH4 Elisabethenstollen Bad Homburg, Schwierigkeit 2,5, Gelände 2, Multi, Small
- GC33Y3C Wasserstollen Bad Homburg, Schwierigkeit 3, Gelände 3, Rätsel, Small

Das Peter-Schall-Haus haben Sie nach ca. 600 m erreicht.

- GC2H9MQ Halloween 13, Schwierigkeit 1, Gelände 1,5, Tradi, Regular

Nur 100 m nach dem Haus passieren Sie die markante Felsformation Elisabethenstein ❶ (km 0,6) und kurz danach die Leopoldsbrücke.

Ca. 300 m nach dem Elisabethenstein biegen Sie rechts in die Krausbäumchenschneise ab und folgen der Markierung „roter Hirsch" bzw. „schwarzes Wildschwein" für weitere 850 m. Dann biegen Sie links ab. Nach ca. 50 m bleiben Sie auf dem linken Weg, der geradeaus führt und mit dem schwarzen Wildschwein markiert ist. Nach ca. 500 m können Sie links im Wald die Erhebung des Bleibeskopfes erkennen.

Sie folgen weiter der Markierung „schwarzes Wildschwein", umrunden zur Hälfte den Bleibeskopf und wandern – immer auf gleicher Höhe bleibend – gemütlich durch die wunderschöne parkähnliche Waldlandschaft. Der Bleibeskopf liegt nun rechts und links können Sie durch das Blätterwerk hin und wieder einen Blick auf die Skyline von Frankfurt werfen.

Ca. 1,8 km nach dem Bleibeskopf gibt es den nächsten Cache zu entdecken.

- GC27HCW Taunus-Memory Nr. 8, Schwierigkeit 1,5, Gelände 2, Tradi, Micro

☺ Das Taunus Memory ❷ ist eine Besonderheit und besteht aus 16 einzelnen Geocaches. Die Nr. 8 liegt recht nahe am Wildschweinweg, die anderen im weiteren Umkreis. Für das gesamte Memory müssen Sie einige Stunden zusätzlich einplanen.

- GC2795J Taunus Memory Nr. 4, Schwierigkeit 1,5, Gelände 2, Tradi, Micro
- GC27HCE Taunus Memory Nr. 7, Schwierigkeit 1,5, Gelände 2, Tradi, Micro
- GC27HED Taunus Memory Nr. 12, Schwierigkeit 1,5, Gelände 2, Tradi, Micro
- GC2794D Taunus Memory Nr. 3, Schwierigkeit 1,5, Gelände 2, Tradi, Micro
- GC27HDZ Taunus Memory Nr. 11, Schwierigkeit 1,5, Gelände 2, Tradi, Micro
- GC27HC1 Taunus Memory Nr. 6, Schwierigkeit 1,5, Gelände 2, Tradi, Micro
- GC2793F Taunus Memory Nr. 2, Schwierigkeit 1,5, Gelände 2, Tradi, Micro
- GC27HDP Taunus Memory Nr. 10, Schwierigkeit 1,5, Gelände 2, Tradi, Micro
- GC27HFX Taunus Memory Nr. 16, Schwierigkeit 1,5, Gelände 2, Tradi, Micro

- GC27HFJ Taunus Memory Nr. 15, Schwierigkeit 1,5, Gelände 2, Tradi, Micro
- GC27HBM Taunus Memory Nr. 5, Schwierigkeit 1,5, Gelände 2, Tradi, Micro
- GC27921 Taunus Memory Nr. 1, Schwierigkeit 1,5, Gelände 2, Tradi, Micro
- GC27HDB Taunus Memory Nr. 9, Schwierigkeit 1,5, Gelände 2, Tradi, Micro
- GC27HF3 Taunus Memory Nr. 14, Schwierigkeit 1,5, Gelände 2, Tradi, Micro
- GC27HET Taunus Memory Nr. 13, Schwierigkeit 1,5, Gelände 2, Tradi, Micro

Geocache

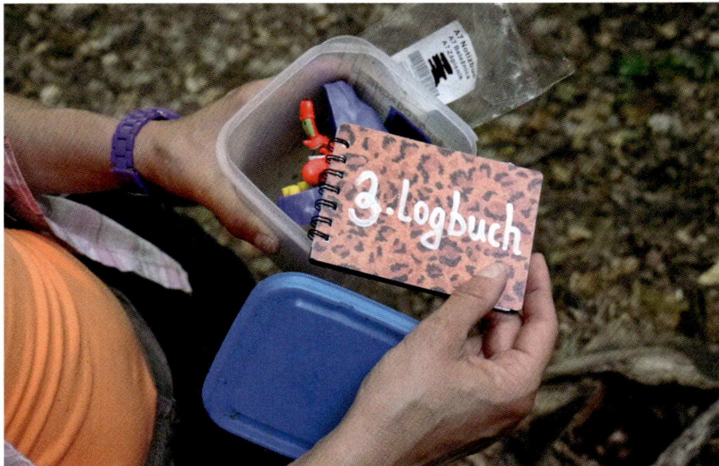

Wenn Sie das Taunus Memory auslassen oder auf einen späteren Zeitpunkt verschieben wollen, dann folgen Sie nun weiter dem Weg, der mit dem schwarzen Wildschwein markiert ist, aber nur für ca. 180 m. Dann verlassen Sie die Markierung „schwarzes Wildschwein" und folgen dem Landgrafenweg, der Sie entlang des plätschernden Baches Kaltes Wasser zum Forellengut Herzberger bringt. Nach kurzer Zeit entdecken Sie die Markierung „blaue Libelle", der Sie folgen können. Mal links und mal rechts des Weges mäandert der bezaubernde Waldbach durch die Bäume und Kinder können hier allerlei entdecken.

Nach ca. 1,8 km erreichen Sie eine Wegkreuzung, an der Sie links abbiegen.

↳ Rechts von Ihnen liegt das Forellengut Herzberger und links auf einer Anhöhe steht ein Obelisk.

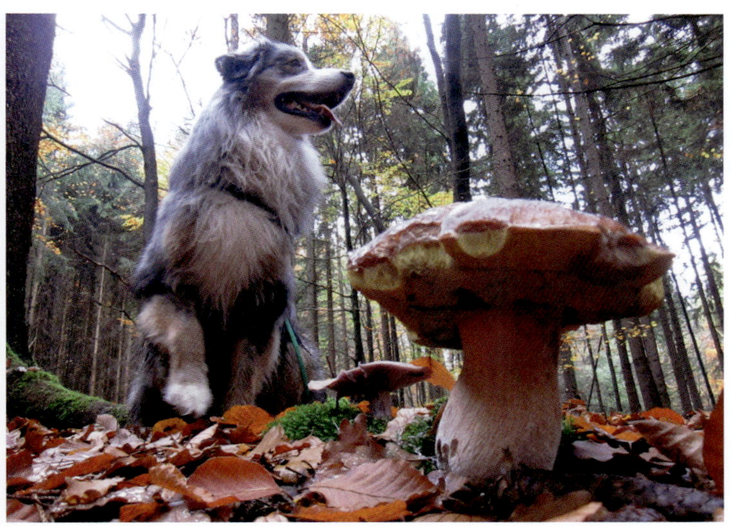

Schätze unterwegs

Forellengut Herzberger, Forellengut 1, 61440 Oberursel, ☏ 061 72/351 19, www.forellengut-herzberger.de, Gaststätte: Sa, So und Fei 11:00-18:00, Fischverkauf: tägl. 9:00-16:00, So und Fei 9:00-11:00

Sie folgen dem Hinweisschild zum Naturdenkmal Krausbäumchen, Saalburg, Herzberg und wandern geradeaus die Krausbäumchenschneise entlang.

Das Krausbäumchen ❸ (km 6,5) ist eine wahrscheinlich durch Mutation stark im Wuchs veränderte Rotbuche.

GC2NVB3 Krausig?, Schwierigkeit 1, Gelände 1,5, Tradi, Small

Der Weg ist jetzt wieder mit einem schwarzen Wildschwein markiert, ca. 400 m nach dem Krausbäumchen biegen Sie rechts ab.

Auf bekanntem Weg wandern Sie am Elisabethenstein und am Peter-Schall-Haus vorbei zurück zum Parkplatz am Hirschgarten.

5 Auf den Taunushöhen

Tour für naturliebende Genießer

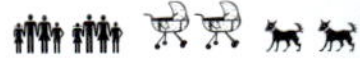

Vom heimeligen Städtchen Schmitten aus führt Sie diese mittelschwere Rundwanderung in den ruhigen Hintertaunus. Über den Aussichtsturm Pferdskopf gelangen Sie in das beschauliche Örtchen Treisberg, eines der höchstgelegenen Dörfer des Taunus. Von hier führt Sie der Weg weiter zur Landsteiner Mühle, einem ehemaligen Landgasthof. Über die Taunushöhen, vorbei an wunderbaren Blumenwiesen und manchmal sogar an Lamas und Kamelen geht es zurück nach Schmitten.

Start/Ziel: Kirche St. Karl Borromäus Schmitten, Dorfweiler Straße, GPS N 50°16.197‘ E 008°26.650‘

12,5 km

ca. 4 Std.

499 m/499 m

433-663 m

Weiltalweg, schwarzes Andreaskreuz, schwarzer Punkt

Einfache Waldpfade und Forstwege im Wechsel. Vor Finsternthal führt der Weg durch offene Felder und kurz vor dem Pferdskopf durch eine gerodete, sonnenbeschienene Fläche, ansonsten meist schattig. Der Pfad, der vom Pferdskopf bergab führt, ist recht steil und kann bei Nässe rutschig sein.

Gaststätte Taunushöhe (km 4,1), Kurhotel Ochs (nahe am Start/Ziel)

Tische und Bänke am Pferdskopf (km 3,2)

Ca. 200 m vor der Landsteiner Mühle führt der Weg extrem steil und rutschig zur wenig befahrenen Landstraße bergab. Bei km 8 gibt es Kamele, Alpakas und Lamas zu bestaunen.

Vom Pferdskopf abwärts führt ein schmaler Pfad, der für Buggys nicht empfehlenswert ist. Mit Buggy bleiben Sie deshalb besser auf dem Hauptweg, der von den Infotafeln direkt zum Parkplatz Treisberg führt.

Bitte genügend Wasser mitnehmen! Ca. 200 m vor der Landsteiner Mühle führt der Weg extrem steil und rutschig zur wenig befahrenen Landstraße bergab.

P Parkmöglichkeiten im Wohngebiet in Schmitten, Freseniusstraße, oder am Wochenende auch am Rathaus Schmitten, Parkstraße. Wanderparkplatz in Treisberg.

RMV-Linie 50 Bad Homburg – Schmitten, stündlich

Schmitten ist ein staatlich anerkannter Luftkurort und die höchstgelegene Gemeinde im Hochtaunus.

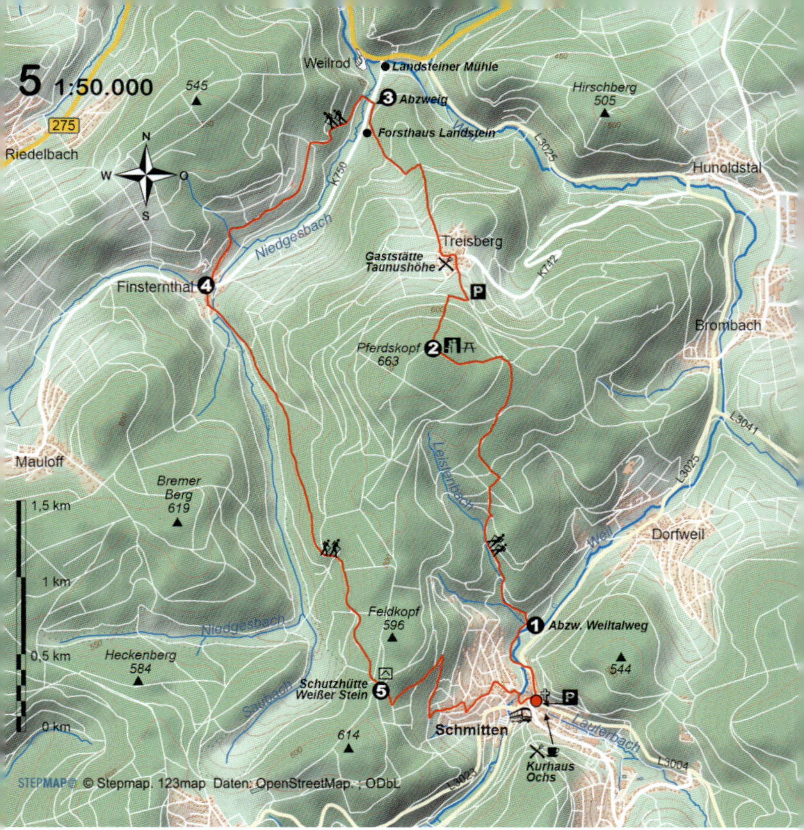

5 1:50.000

Weilrod
Landsteiner Mühle
545
3 Abzweig
Hirschberg
505
275
Forsthaus Landstein
L3025
Riedelbach
N
W
O
S
Hunoldstal
K750
Niedgesbach
Treisberg
Gaststätte Taunushöhe
K742
Finsternthal 4
P
Brombach
Pferdskopf
663
2
L3041
Leistenbach
L3025
Mauloff
Bremer Berg
619
1,5 km
Weil
Dorfweil
1 km
Feldkopf
596
Niedgesbach
1 Abzw. Weiltalweg
0,5 km
Heckenberg
584
544
Schutzhütte Weißer Stein 5
P
Saubach
0 km
Lauterbach
Schmitten
614
Kurhaus Ochs
L3004
L3023
STEPMAP© © Stepmap. 123map Daten: OpenStreetMap. ; ODbL

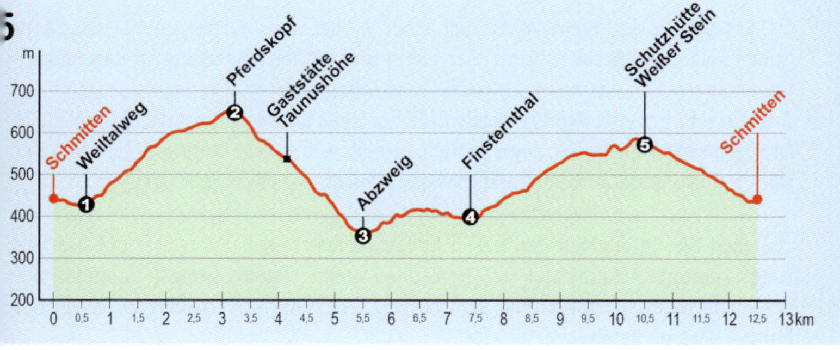

Anfang des 20. Jh. waren hier so berühmte Persönlichkeiten wie Kaiser Wilhelm II. oder die Zarenfamilie zu Gast und auch heute noch locken die ausgezeichnete Gastronomie und ein gut gepflegtes Wanderwegenetz viele Besucher an. Malerisch auf einem Felsen gelegen steht die Kirche St. Karl Borromäus zentral in der Ortsmitte. Hier ist der Start- und Zielpunkt dieser abwechslungsreichen Rundwanderung.

Sie orientieren sich an der Markierung „schwarzes Andreaskreuz" bzw. „Weiltalweg" und folgen der Hauptstraße in Richtung Weilrod. Nach ca. 200 m verlässt der Weg die Hauptstraße und führt Sie entlang der plätschernden Weil durch den hübschen Park der Gemeinde Schmitten.

Ca. 500 m weiter verlassen Sie den Weiltalweg ❶, biegen links ab und folgen ab jetzt der Markierung „schwarzes Andreaskreuz".

Der Weg führt Sie auf einem hübschen, naturbelassenen Weg sanft bergauf, bis Sie nach ca. 900 m auf eine Forststraße treffen, wo die Markierung nach links weist. Sie folgen der Forststraße für ca. 30 m und biegen dann in den schmalen Pfad ab, der nach rechts führt.

Die Markierung „schwarzes Andreaskreuz" ist hier vom Weg aus nicht zu sehen, erst im weiteren Verlauf des Weges. Ab dann ist der Weg allerdings wieder sehr gut markiert.

Nach ca. 2,5 km erreichen Sie einen Abzweig mit mehreren Hinweisschildern. Hier können Sie entweder zum Pferdskopf links abbiegen oder geradeaus weiter direkt zum Parkplatz Treisberg gehen. Wenn Sie links abbiegen, haben Sie nach 500 m den Pferdskopf ❷ und damit den höchsten Punkt dieser Wanderung erreicht. Hier befindet sich ein Aussichtsturm und Rastplatz (km 3,2).

Am Gipfel des Pferdskopfs, auf einer Höhe von 663 m, steht ein 34 m hoher hölzerner Aussichtsturm, der einen unvergleichlichen Blick in den Hintertaunus bietet. Im Norden können Sie die Höhenzüge des Westerwaldes und des Rothaargebirges erkennen. Etwas westlicher liegt unübersehbar die Erdfunkstelle Merzhausen/Usingen mit ihren großen Satellitenschüsseln und im Süden fällt der Blick auf die etwas unbekanntere Nordansicht des Großen Feldberges.

Nach diesem kleinen Ausflug in luftige Höhen folgen Sie weiter der Markierung „schwarzes Andreaskreuz" bzw. dem Schild „Taunus Steig – Schinderhannes" auf einem schmalen Pfad steil bergab. Nach ca. 400 m biegen Sie an der Forststraße rechts ab.

Nach kurzer Zeit erreichen Sie den P Parkplatz und schließlich die Ortsmitte von Treisberg, das auf einem Hochplateau liegt und einen wunderbaren Panoramablick bietet.

✕ Gaststätte Taunushöhe, Hunoldstaler Straße 9, 61389 Schmitten/Treisberg, ☏ 060 84/23 66, Mi-So 11:30-14:00 und 17:30-22:00, Mo und Di Ruhetag

Sie folgen weiter der Markierung „schwarzes Andreaskreuz", die Sie durch den Ort und schließlich auf einem asphaltierten Forstweg bergab führt. Kurz nach dem Forsthaus Landstein biegt ein schmaler Pfad links ab ❸.

Dieser Pfad ist sehr steil, bei Nässe extrem rutschig und endet direkt, ohne Grünstreifen, auf der Landstraße. Besonders mit Kindern und Hunden ist es sicherer, den Weg geradeaus bis zur Landsteiner Mühle zu gehen und dann entlang der Landstraße ca. 200 m bis zum Abzweig zurückzugehen.

Sie überqueren den Niedgesbach, der sich idyllisch durch die Landschaft schlängelt, und blicken im Sommer über eine herrlich blühende Blumenwiese. Nach ca. 100 m biegen Sie links ab in Richtung Finsternthal und bleiben immer auf dem Hauptweg. Sie laufen über freie Wiesen und Weiden, genießen die sanfte Hügellandschaft des Hintertaunus und wer genau guckt, der erkennt vielleicht auf der gegenüberliegenden Hügelkette den markanten Holzturm des Pferdskopf. Sie wandern auf dem asphaltierten Weg durch die offene Weidelandschaft und werden hier vielleicht überrascht. Links und rechts des Weges weiden nicht wie üblicherweise Schafe oder Kühe. Nein – es kann passieren, dass Lamas, Kamele und eventuell frisch geschorene Alpakas Ihnen sehr neugierig entgegenblicken.

Dies sind nicht irgendwelche Kamele oder Lamas. Diese Kamele sind allesamt Coaches und Assistenten bei Seminaren und Firmenausflügen (Incentives) im Bereich Führungstraining und Teambildung.

Isabel Sarabér von der Karawanserei in Finsternthal arbeitet seit vielen Jahren mit Kamelen und Lamas. Sie bietet nicht nur Incentives für Firmen, sondern auch Lama-Trekking für Familien an. Sie hat sich die Gelassenheit, Genügsamkeit, Ausdauer und Zielstrebigkeit der Kamele zunutze gemacht und arbeitet mit ihnen bei den unterschiedlichsten Team- und Führungsseminaren. „Kamele befähigen den Menschen, seine Gedanken auf das Wesentliche zu richten." – mit diesem Leitsatz beschreibt Frau Sarabér ihre Arbeit.

♦ Karawanserei Llamera, Landsteiner Str. 4, 61276 Weilrod/ Finsternthal, 01 63/471 75 51, www.lama-llamera.de

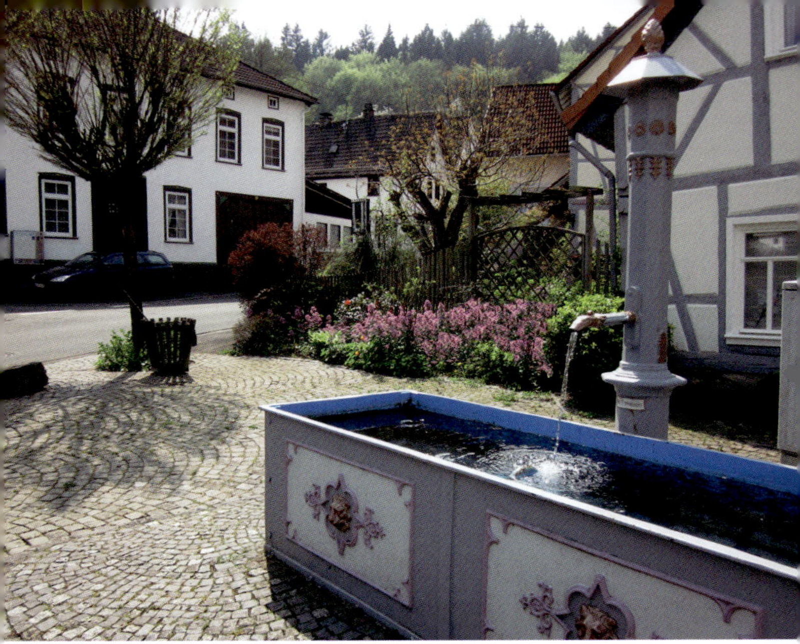

Dorfplatz in Finsternthal

Der weitere Weg ist mit einem schwarzen Punkt gekennzeichnet. Diese Markierung führt Sie durch den kleinen Ort Finsternthal mit seinem hübschen Dorfplatz ❹.

Aus der Ortschaft hinaus wandern Sie gemütlich durch lichten Wald auf einfach zu gehenden Forstwegen, bis Sie nach ca. 4 km wieder in Schmitten ankommen. Die Markierung „schwarzer Punkt“ führt Sie an der ⌂ Schutzhütte Weißer Stein ❺ vorbei, später durch das Wohngebiet und an verschiedenen Einkaufsmöglichkeiten vorbei, bis Sie wieder am Zielpunkt der Wanderung, der Kirche St. Karl Borromäus, ankommen.

☺ Sie können die Wanderung mit einem Besuch des Cafés oder Restaurants des Kurhauses Ochs abschließen.

✕ ☕ Kurhaus Ochs, Kanonenstraße 6, 61389 Schmitten, ☏ 060 84/480, 💻 www.kurhaus-ochs.de, 🚪 tägl. 12:00-14:00 und ab 18:00, um Reservierung wird gebeten, zusätzlich ☕ Sa 14:00-18:00, So 11:00-18:00

6 Am Grünwiesenweiher

Tour für Naturfreunde

Unweit der bekannten Ausflugsziele Saalburg und Hessenpark liegt der idyllische Grünwiesenweiher. Hier beginnt diese abwechslungsreiche, leicht zu gehende Rundwanderung, die Sie auf meist unmarkierten Wegen um die Orte Arnsbach, Rod am Berg und Merzhausen führt. Mit etwas Orientierungssinn sind die Wege in der offenen Wiesenlandschaft leicht zu finden, im Wald hilft die eine oder andere Markierung.

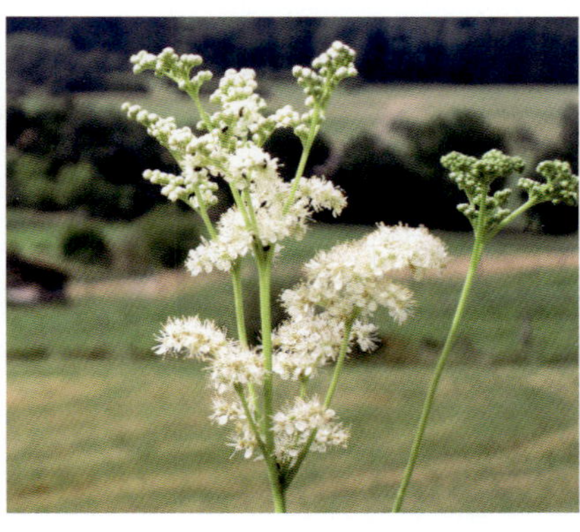

Impressionen am Wegesrand

- Start/Ziel: Parkplatz am Grünwiesenweiher, GPS N 50°19.547' E 008°29.545'
- 10,1 km
- ca. 3 Std.
- ↑ ↓ 192 m/192 m
- ⇧ 322-450 m
- meist unmarkiert, blauer Balken, schwarzes Wildschwein, roter Punkt
- Einfache Wege und Pfade ohne größere Schwierigkeiten, außer die letzten 400 m vor dem Ziel. Sie führen über einen zugewachsenen Abenteuerpfad.
- leider keine Einkehrmöglichkeit unterwegs
- Bank (km 4,5), Bank (km 4,6)
- Der Weg stellt für ältere Kinder kein Problem dar. Eltern mit kleineren Kindern können auf einem ca. 1 km langen, nicht buggygeeigneten Rundweg (roter Punkt) um den See, eine Wiese und über einen Bach bummeln.
- Für Geländebuggys gut machbar.
- Gut geeignet. Wasser für unterwegs mitnehmen!
- P am Start/Ziel, alternativer Startpunkt: am Alten Steinbruch (km 7,5), GPS N 50°19.458' E 008°28.378'
- „Am Alten Steinbruch" (km 7,5) RMV-Linien 61 Riedelbach, 62 Hasselbach, 69 Rod an der Weil

Ähnlich wie der Hattsteinweiher und der Meerpfuhl ist der Grünwiesenweiher ein künstlich angelegter See, der im 18. Jh. den Mühlen an der Usa als Wasserreservoir diente. Viele Legenden ranken sich um den malerischen Ort, der sogar der Schauplatz eines Romanes ist.

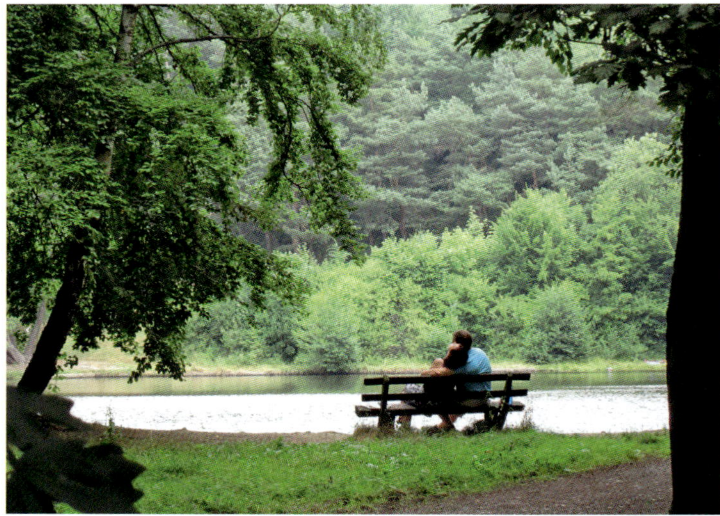

Grünwiesenweiher

Die Gespenster vom Grünwiesenweiher

Gegen Ende des Zweiten Weltkrieges findet die 16-jährige Barbara in Wilhelmsdorf, einem kleinen Ort im Taunus, Zuflucht bei ihren Großeltern. Sie lauscht den alten Geschichten und erfährt viel vom Schicksal der Wilhelmsdorfer. Sie erlebt die erste große Liebe und einen unbeschwerten Sommer am Grünwiesenweiher, bis sie Zeugin eines schlimmen Verbrechens wird.

Die alten Legenden um den romantischen See werden wieder lebendig und ziehen Barbara in ihren Bann ...

📖 „Die Gespenster vom Grünwiesenweiher“ von Gisela Ute Freisinger

Vom Parkplatz am Grünwiesenweiher gehen Sie geradeaus, lassen den See links liegen und biegen an dem grünen Anglerhäuschen rechts ab. Erst durch mediterran anmutenden Kiefernwald, später an vereinzelt stehenden Häusern vorbei folgen Sie der Markierung „blauer Balken“. Nach ca. 1 km zweigt der Weg mit

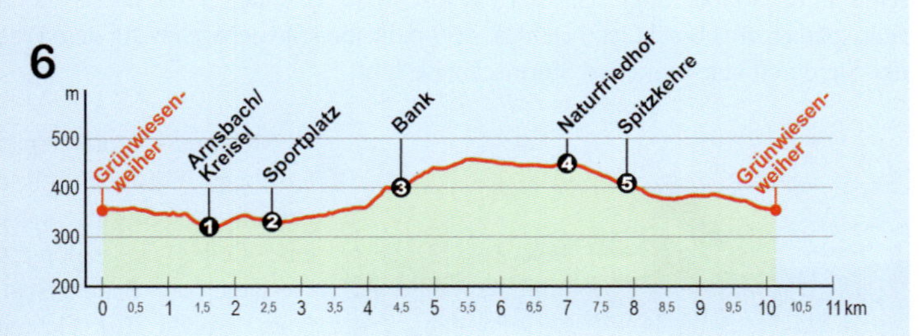

dieser Markierung links ab, aber Sie bleiben geradeaus auf dem asphaltierten Fahrradweg in Richtung Neu-Anspach. Die Straße In der Rödersbach führt Sie durch ein kleines Wohngebiet, Sie können sich an einem Schild mit Fahrradsymbol orientieren. Sie gelangen an einen Kreisel ❶ am Ortseingang von Arnsbach, an dem Sie sich links halten und ein Stück in Richtung Ort laufen. Von der Hauptstraße aus biegen Sie nach ca. 100 m an der Straße Am Dorfbrunnen rechts ab und folgen weiter der Beschilderung des Fahrradweges „Merzhausen, Rod am Berg".

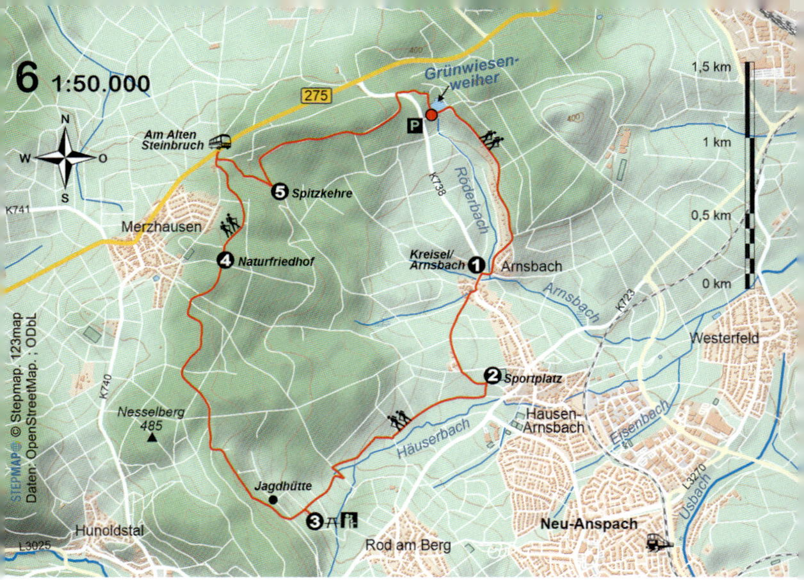

Sie verlassen Arnsbach und laufen parallel zum Ort durch die offene, weite Taunuslandschaft. Nach ca. 350 m, an einem einzeln stehenden Baum, wandern Sie geradeaus an einigen Häusern vorbei und weiter über eine Wiese bis zum Sportplatz ❷.

Der Sportplatz liegt links von Ihnen, Sie biegen rechts ab und gehen ca. 100 m über einen Wiesenweg zum nächsten Feldweg, an dem Sie wieder rechts abbiegen. Links von Ihnen plätschert der Häuserbach und Sie wandern durch das sanft geschwungene Tal, bis Sie nach ca. 700 m an eine Weggabelung gelangen, an der der Hauptweg, der nach Rod am Berg führt, links abzweigt.

Sie bleiben auf dem Wiesenweg, der geradeaus entlang der Pferdekoppeln verläuft, und nach ca. 500 m gelangen Sie auf einen breiteren Wanderweg. Hier biegen Sie links ab, überqueren den Bach und nehmen sofort die Spitzkehre nach rechts. Der unmarkierte Feldweg bringt Sie stetig bergauf, in Richtung Waldrand. Ca. 100 m unterhalb des Waldrandes finden Sie links, ↳ 80 m etwas versteckt in einer Hecken- und Sträuchergruppe, eine hübsche, schattige Rastmöglichkeit ❸ (km 4,5) mit einem herrlichen Fernblick in die weite Taunuslandschaft.

Sie setzen Ihre Wanderung auf dem unmarkierten Weg in Richtung Waldrand fort und finden hier eine weitere Bank, die zur Pause einlädt. Im Wald angelangt biegt der Weg rechts ab und schon bald erreichen Sie eine kleine, sehr gut gesicherte Jagdhütte. Ca. 500 m nach der Hütte stoßen Sie nach einer Linkskurve auf einen Wanderweg, an dem Sie rechts abbiegen. Sie können sich nun im Weiteren an der Markierung „schwarzes Wildschwein" orientieren, die allerdings nur sehr spärlich angebracht ist. Nach ca. 200 m bleiben Sie geradeaus auf dem Weg, der Sie durch eine gewaltige Sturmschneise führt.

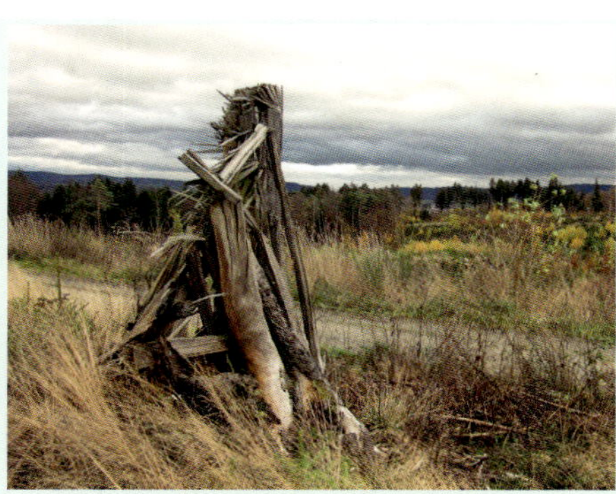

Land-Art in der Sturmschneise

Mehrere Faktoren spielten beim Entstehen dieser gewaltigen Sturmschneise eine Rolle: die exponierte Westlage, der Baumbestand (zum großen Teil Fichten) und schließlich das Auftreten von drei gewaltigen Stürmen innerhalb von 17 Jahren.

1990 riss das Sturmtief Daria die erste Schneise in die damals vorherrschende Monokultur aus Fichten. Das bot den folgenden Orkanen Lothar (1999) und Kyrill (2007) eine Angriffsfläche und sie fegten mit gewaltiger Kraft in diese Schneise und vergrößerten sie mehr und mehr.

Inzwischen wird hier neu aufgeforstet und es wird versucht, mit einer Mischbepflanzung aus Douglasien, Buchen und Eichen den Naturgewalten zu trotzen.

Wie dramatische Skulpturen von Land-Art-Künstlern stehen die zerborstenen Baumstümpfe links und rechts des Weges.

Nach diesem Einblick in die Naturgewalten führt Sie der Weg wieder in zahmeren Wald und schon bald erreichen Sie den Abzweig nach Merzhausen, wo sich der Eingang zum Naturfriedhof Usingen befindet ❹.

Ursprünglich war eine Bestattung im Wald, außerhalb der Friedhofsmauern, nur bedeutenden Forstleuten vorbehalten. Aber seit 2004 sind Waldbestattungen auch in Deutschland erlaubt und haben sich unter der Bezeichnung RuheForst, FriedWald oder Naturfriedhof etabliert. Eine biologisch abbaubare Urne mit der Asche des Verstorbenen wird meist im Wurzelbereich des Baumes bestattet und am Baum wird – auf Wunsch – eine Plakette mit dem Namen des Verstorbenen angebracht. Individueller Schmuck oder eine Pflege der Grabstätte ist nicht erwünscht, aber stille Plätze zur Andacht sind immer vorhanden.

Zitat Naturfriedhof Singen: „Die Gräber auf dem Naturfriedhof pflegt Mutter Natur und schmückt den Friedhof mit ihren vier Jahreszeiten".

Sie bleiben auf dem mit dem Wildschwein markierten Weg und erreichen ca. 1 km nach dem Abzweig nach Merzhausen die kleine Siedlung Am Alten Steinbruch.

Die viel befahrene Landstraße B275 ist in unmittelbarer Nähe.

80 m entfernt an der B275 liegen der Parkplatz und die Bushaltestelle P Am Alten Steinbruch.

Kurz vor der Landstraße biegen Sie rechts ab und folgen nun der Markierung „roter Punkt". Nach 500 m nehmen Sie die leicht zu übersehende Spitzkehre ❺ nach links unten und wandern gemütlich über breite Forstwege.

Ca. 1,3 km nach der Spitzkehre müssen Sie eine nicht stark, aber schnell befahrene Nebenstraße überqueren.

Die Markierung „roter Punkt" führt Sie an einem Holzladeplatz vorbei und gleich links in einen schmalen Pfad, der in den Wald führt. Kurz vor Schluss wartet hier noch eine kleine Herausforderung auf Sie: Bis zum See bringt Sie der abenteuerliche Pfad, der diesen Namen wirklich verdient hat. Er führt Sie teilweise über dicke Äste und, je nach Witterung, auch durch Schlammpfützen, bis Sie nach ca. 400 m wieder den Grünwiesenweiher erreichen.

7 Im Weiltal

Tour für Familien

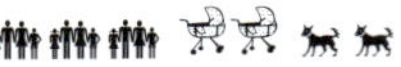

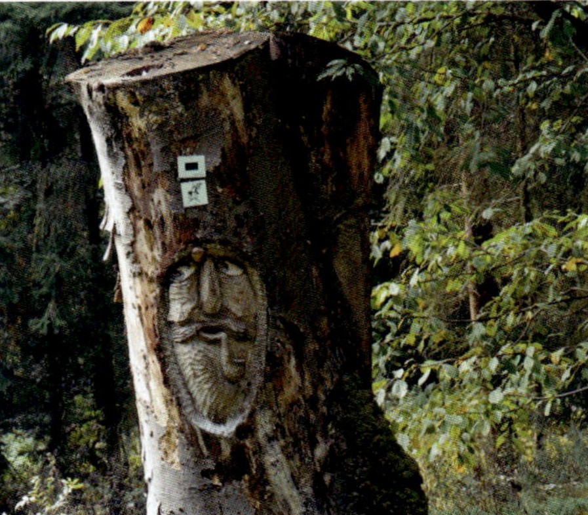

Stiller Beobachter

Eines der ältesten Pfarrhäuser Deutschlands steht in Rod an der Weil und hier beginnt diese einfache Wanderung, die über aussichtsreiche Panoramawege führt. Vorwiegend über breite Wanderwege führt Sie der Rundkurs zur Vogelburg und zum Eichelbacher Hof, einer ehemaligen Wasserburg, die zur Einkehr einlädt. Entlang des heimeligen Eichelbaches bringt Sie der Weiltalweg zurück nach Rod.

Start/Ziel: Kirche in Rod an der Weil, Am Kirchberg, GPS N 50°20.554‘ E 008°22.796‘

9,7 km

ca. 3 Std.

255 m/255 m

188-358 m

schwarzer Balken, Schinderhannespfad, Weiltalweg

Der Weg verläuft durchgängig auf breiten Forstwegen, nur nach der Vogelburg (km 4,7) führt er ca. 300 m über einen Wiesenweg.

Landgasthaus Zum Löwen (km 3,5), Eichelbacher Hof (km 6,5), Restaurant Aphrodite (km 9,5)

an der Luther-Linde am Start/Ziel, Rastplatz Karl und Käthe (km 2,1)

Sehr gut geeignet, aufgrund der Länge aber eher für ältere Kinder. Nach der Kapelle (km 4,2) quert der Weg eine Landstraße.

Breite, buggyfreundliche Wege, nach der Vogelburg (km 4,7) führt der Weg über eine Wiese.

Der Weg ist zum großen Teil asphaltiert. Hunde sind in der Vogelburg und im Eichelbacher Hof erlaubt.

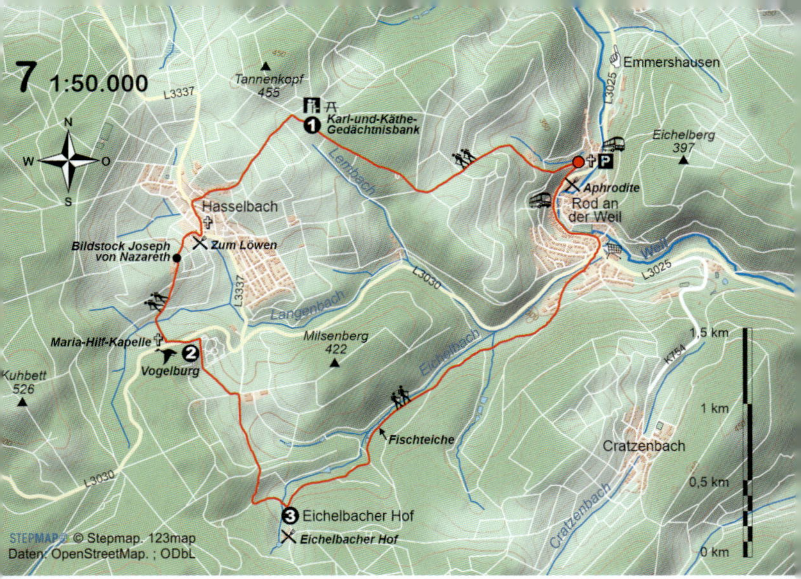

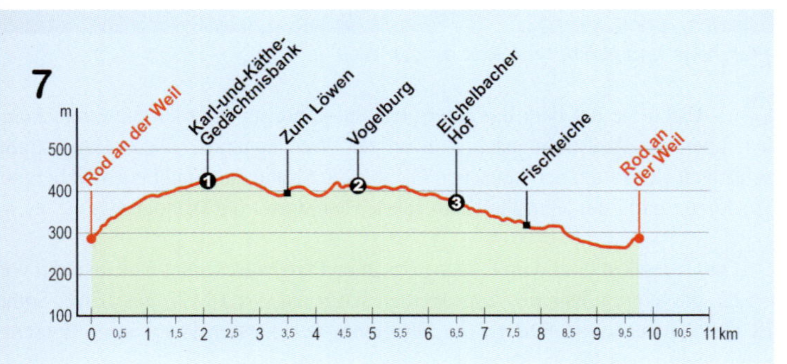

P direkt an der Kirche (außer Sonntagvormittag) oder entlang der Weilstraße in Rod an der Weil

RMV-Linie 50 Bad Homburg – Rod an der Weil, stündlich; Weiltalbus Linie 245, Oberursel – Weilmünster – Weilburg, Rufbus: ☏ 064 71/986 10, am Wochenende alle 2 Std.

Ziemlich wehrhaft und von Weitem gut sichtbar thront die Kirche hoch über der Weilstraße in Rod an der Weil.

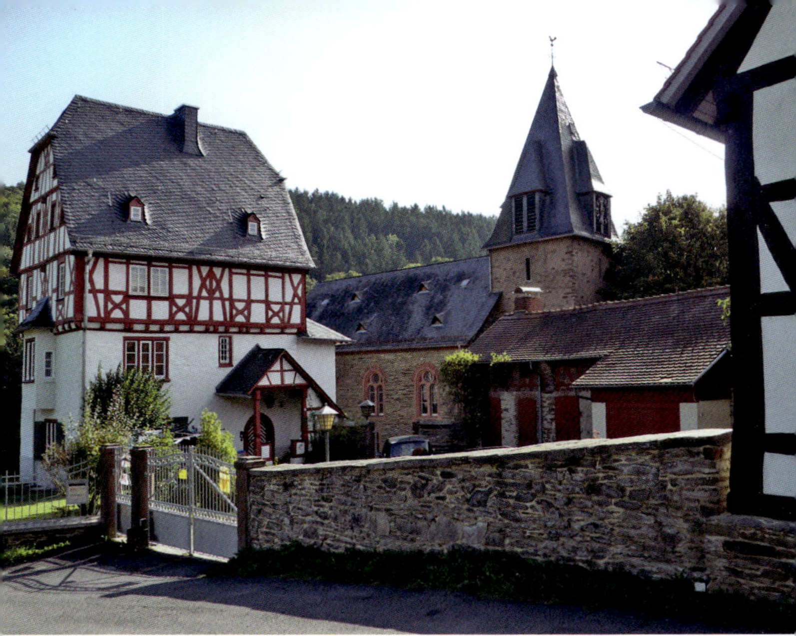

Pfarrhaus und Kirche von Rod an der Weil

☺ Wenn Sie mit dem Bus oder dem Auto anreisen, werden Sie wahrscheinlich über die Weilstraße nach Rod an der Weil kommen. Diese Hauptstraße schlängelt sich durch den hübschen Ort, bis die Straße Am Kirchberg steil bergauf zur Kirche und zum alten Pfarrhaus führt. Hier startet die Wanderung.

Der Türbalken über dem Eingang des alten Pfarrhauses zeigt eine Inschrift von 1522, die älteren Teile des Baus werden sogar auf das 13. Jh. geschätzt. Somit ist das Pfarrhaus von Rod an der Weil eines der ältesten Pfarrhäuser Hessens, wenn nicht sogar Deutschlands.

Hinter diesem malerischen Fachwerkbau erhebt sich der Westturm der evangelischen Kirche, der wahrscheinlich gotischen Ursprungs ist. Sehenswert ist außerdem an der Westseite der Kirche das Naturdenkmal Luther-Linde, gepflanzt 1884 zu Ehren Martin Luthers an dessen 400. Geburtstag. Heute umgibt eine hübsche Rundbank, die zur Rast einlädt, den mächtigen Stamm.

An der Kirche bzw. an der neu renovierten Pfarrscheune orientieren Sie sich am Taunusklub-Wanderweg Nr. 98 in Richtung Hasselbach, der mit einem schwarzen Balken markiert ist. Auf einem sehr angenehm zu gehenden breiten

Weg wandern Sie leicht bergauf aus dem Ort hinaus und folgen der Markierung „schwarzer Balken", zu der sich manchmal auch die Markierung „Schinderhannespfad" gesellt.

Ca. 200 m nach der Kirche halten Sie sich rechts und gelangen auf die Taunushöhen, die Ihnen wunderbare Blicke über die sanft geschwungenen Hügel des Hintertaunus eröffnen.

An der Wegkreuzung ca. 1,3 km nach dem Start halten Sie sich rechts und gehen in den Wald, wo Sie auf breitem Forstweg nach ca. 800 m einen sehr einladenden Rastplatz mit Aussicht, die Karl-und-Käthe-Gedächtnisbank ❶ (km 2,1), erreichen.

Nach nur ca. 100 m gelangen Sie an den Weiltalweg, an dem Sie, der Beschilderung „Zur Vogelburg" folgend, links abbiegen. Eine hübsch angelegte Birkenallee geleitet Sie hinab ins Dorf Hasselbach. Sie wandern gemütlich auf dem asphaltierten Weg bergab und entdecken linker Hand über die offene Weite der Taunushöhen hinweg die markanten Türme des Großen Feldbergs, des höchsten Berges im Taunus. Sie erreichen die Straße In der Schweiz, die Sie stetig bergab führt, bis Sie auf die Hauptstraße, die Limburger Straße, stoßen, an der Sie links abbiegen.

Die Markierung „Weiltalweg/Hasselbacher Schleife" weist Ihnen den Weg. Sie gehen durch den Ort, an der Kirche St. Margaretha vorbei, bis Sie kurz nach der Kirche rechts in die Straße Vorm Tor abbiegen.

Landgasthof Zum Löwen, Vorm Tor 1, 61276 Weilrod-Hasselbach, 060 83/959 31 75, www.landlöwen.de, Do 17:00-21:00, Fr-So 12:00-21:00 durchgehend warmen Küche, ☺ Siggi Reitz, der Wirt des Landgasthofs Zum Löwen, ist regelmäßig als Fernsehkoch im Hessischen Rundfunk zu sehen, wo er seine kulinarischen Köstlichkeiten den Zuschauern vorstellt.

Zur Wegmarkierung „Weiltalweg" gesellt sich jetzt die Markierung „schwarzer Punkt" und ca. 300 m nach dem Landgasthof erreichen Sie den Bildstock Joseph von Nazareth, an dem Sie links abbiegen. Die Vielzahl der hier aufgestellten Bildstöcke deutet auf die Bedeutung der Religion für die Menschen dieser Gegend hin.

Bildstöcke oder Wegkreuze sind oft Heiligen gewidmet und laden dazu ein, zum Gebet innezuhalten. Oft kennzeichnen sie aber auch den Weg zu einer Kapelle, in diesem Fall zur Maria-Hilf-Kapelle (km 4,4).

Kurz nach der Kapelle führt der Weg über die unregelmäßig befahrene Landstraße L3030. Sie überqueren die Landstraße und gelangen zur Vogelburg ❷.

Aus privater Initiative entstand 1981 dieser besondere Vogelpark, der es sich zur Aufgabe gemacht hat, privaten Papageienhaltern beratend zur Seite zu stehen, wenn sie Probleme mit ihren Tieren haben. Gleichzeitig finden Papageien, die nicht mehr im privaten Haushalt gehalten werden können, in der Vogelburg ein neues Zuhause. Im Laufe der Zeit entstand so eine Art Papageienasyl, in dem diese hochsensiblen Tiere ein artgerechtes Leben führen, einen Partner finden und gegebenenfalls sogar Nachwuchs aufziehen können.

Vogelburg, Vogelpark 1, 61276 Weilrod, ☏ 060 83/10 40, www.vogelburg.de, Mitte März-Anfang Nov tägl. 10:00-18:00, Anfang Nov-Mitte März nur So und Fei 10:00-18:00

Sie gehen über den Parkplatz der Vogelburg, biegen rechts ab und laufen an der Mauer entlang, die die Vogelburg begrenzt. Am Ende des Areals halten Sie sich leicht links und gehen ca. 300 m auf einem Wiesenweg weiter, bis Sie an der nächsten Straße links abbiegen.

Nach nur 50 m haben Sie die nächste Markierung „Weiltalweg" erreicht und biegen rechts ab. Sie folgen der wenig befahrenen Zufahrtsstraße zum Eichelbacher Hof durch eine malerische Hügellandschaft, bis Sie nach ca. 1 km den Abzweig zum idyllisch im Wald liegenden Hofgut ❸ erreichen, das ehemals zu einer Wasserburg gehörte.

Erstmalige Erwähnung fand die Burg Eichelberg im 13. Jh. Sie diente damals dem Schutz der Rennstraße, einer der bedeutendsten Handelsstraßen der damaligen Zeit.

Im Jahr 1353 eroberte der Raubritter Friedrich von Hattstein die Burg, indem er die Bewohner, allen voran Siegfried von Reinberg, bei Siegfrieds eigener Hochzeitsfeier überrumpelte. Vier Jahre trieb der Raubritter sein Unwesen. Er plünderte und beraubte Reisende und Kaufleute auf dieser viel befahrenen Handelsstrecke, bis Siegfried von Reinberg die Eichelburg zurückerobern konnte.

Da sich die Burg mit der Zeit als strategisch ungünstig gelegen erwies, wurde sie im 16. Jh. abgetragen und etwas weiter südlich als stattliche Wasserburg mit vier Ecktürmen wieder aufgebaut.

Der heutige Eichelbacher Hof ist das liebevoll sanierte Herrenhaus der damaligen Wasserburg und lädt in einem einzigartigen Ambiente Wanderer und Radfahrer zur Einkehr ein.

Eichelbacher Hof, 61276 Rod an der Weil, ☏ 060 83/24 67, Mi, Sa, So 12:00-17:00, Küche 12:00-14:00, die Öffnungszeiten sind witterungsabhängig, bitte vorher nachfragen.

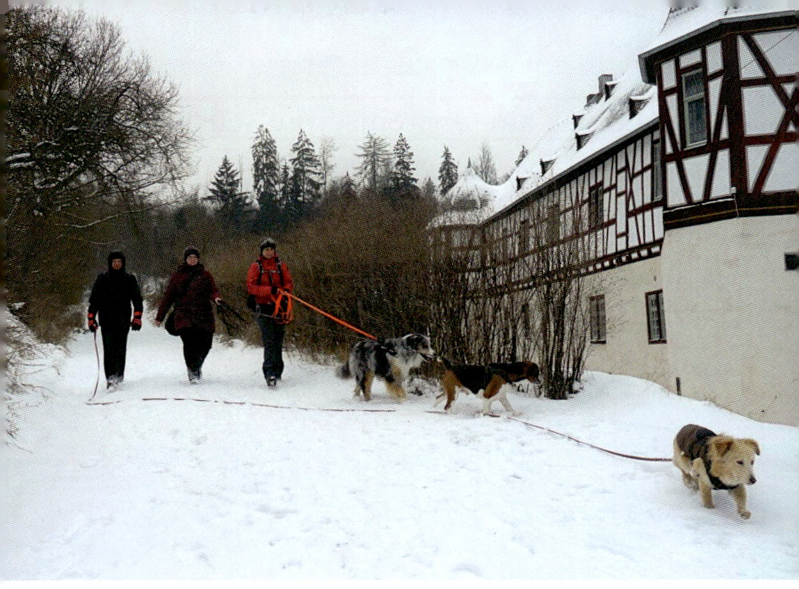

Eichelbacher Hof im Winter

Der Eichelbacher Hof liegt ca. 200 m vor Ihnen, der Weiltalweg in Richtung Rod an der Weil biegt links ab. Am lauschigen Eichelbach entlang führt Sie der Weg an einigen Fischteichen vorbei. Leicht bergab laufen Sie recht gemütlich weiter, bis Sie die ersten Häuser von Rod an der Weil erreichen.

Im Ort erreichen Sie den Kreisel am Rewe-Markt und biegen hier links in Richtung Emmershausen ab.

Entlang der Weilstraße wanden Sie durch das Örtchen Rod an der Weil, bis Sie links die Straße Am Kirchberg und somit Ausgangsort und Ziel der Wanderung erreichen.

✕ Restaurant Aphrodite, Weinstraße 6, 61276 Weilrod-Rod an der Weil,
☏ 060 83/95 87 72, 💻 www.aphrodite-weilrod.de,
🚪 Do-Di 11:30-14:30, 17:30-22:00, Mi Ruhetag

8 Waldglas am Oberemser Felsensteig

Tour für sportliche Naturliebhaber 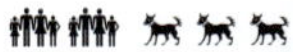

Diese abenteuerliche Rundwanderung führt Sie auf teils unmarkierten Wegen und schmalen Pfaden durch dichten Wald, was die Orientierung manchmal etwas schwierig macht. Mitten im Wald entdecken Sie die Ruinen einer historischen Waldglashütte und der Rückweg über den Oberemser Felsensteig, einen Bergpfad mit alpinem Charakter, führt Sie an einigen beliebten Kletterfelsen des Taunus vorbei. Die Wanderung macht älteren Kindern großen Spaß und ist für Hunde sehr gut geeignet, aber Achtung: Die Felsen sind nicht gesichert.

- Start/Ziel: Wanderparkplatz Weilsberg, GPS N 50°13.765' E 008°26.012'
- 8,6 km
- ca. 3 Std.
- 280 m/280 m
- 540-690 m
- teils ohne Markierung, Schinderhannespfad, roter Milan, brauner Hase, schwarzer Balken
- Schattige Waldpfade, teilweise alpiner Steig durch Felsen. Die Felsen sind nicht gesichert, bitte besonders am Großen Zacken auf Kinder und Hunde achten, es besteht Absturzgefahr!
- Gasthaus Zum Roten Kreuz (500 m vom Start/Ziel)
- Tisch und Bänke an den historischen Glasöfen (km 5,5)
- Für ältere Kinder ab 10 Jahre ist diese Tour sehr gut geeignet.
- Für Buggys ist diese Wanderung nicht empfehlenswert.
- Im Gasthaus Zum Roten Kreuz sind Hunde willkommen und der Weg durch die Felsen macht den meisten Hunden großen Spaß.
- Wanderparkplatz Weilsberg am Start/Ziel, Wanderparkplatz Heidenkirche (GPS N 50° 13.572' E 008°26.222') 500 m vom Start/Ziel entfernt, hier können Sie die Wanderung alternativ starten.
- 500 m südöstlich des Starts/Ziels, Haltestelle am Gasthaus Zum Roten Kreuz, RMV-Linie 80 Treisberg – Schmitten; Linie 57 Oberursel – Oberreifenberg; beide alle 2 Std.

Einer der Publikumsmagneten im Taunus ist sicherlich der Große Feldberg. Mit 881 m ist er der höchste Berg im Taunus und an Wochenenden herrscht hier oft großer Trubel.

Wenn Sie den etwas stilleren Taunus entdecken möchten, dann fahren Sie vom Großen Feldberg nur 2 km in Richtung Königstein, schon liegt an der nächsten

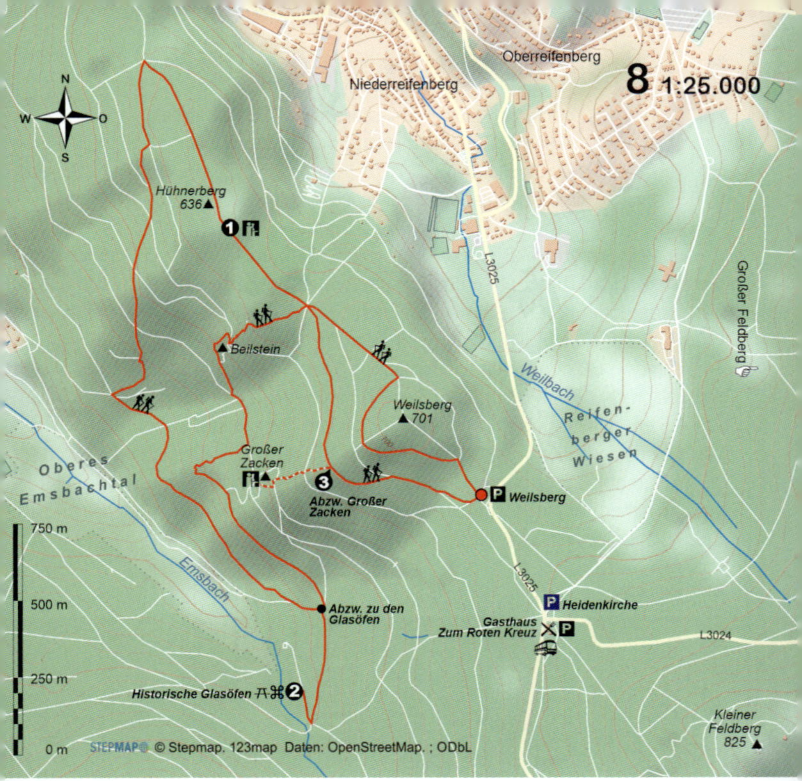

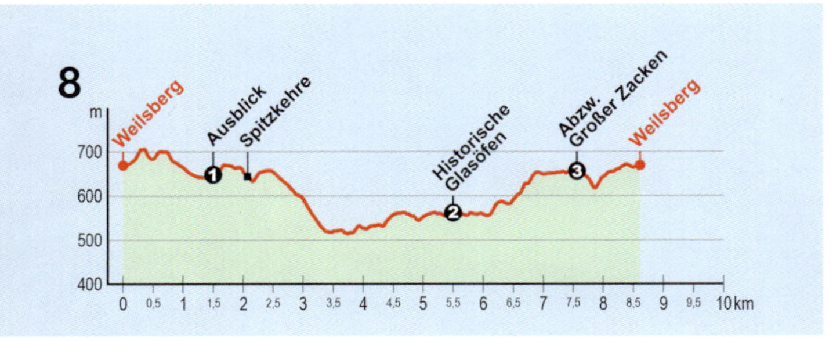

Kreuzung das Gasthaus Zum Roten Kreuz und eine Bushaltestelle. Biegen Sie hier rechts ab in Richtung Oberreifenberg haben Sie nach ca. 500 m den Wanderparkplatz Weilsberg erreicht, wo diese Wanderung startet.

Gasthaus Zum Roten Kreuz, Hochtaunusstraße, 61389 Schmitten, ☏ 061 74/96 94 08, www.gasthauszumrotenkreuz.de, Mo 12:00-21:00 (Küche bis 20:00), Di, Sa und So 12:00-20:00 (Küche bis 19:00), Mi, Do und Fr Ruhetag, sonntags sind keine Reservierungen möglich

Am Wanderparkplatz finden Sie eine Infotafel, auf der einige Wanderrouten beschrieben sind, unter anderem der Oberemser Felsensteig, an dem sich unsere Wanderung orientiert. An dieser Tafel nehmen Sie den Pfad, der mit einem roten Milan gekennzeichnet ist und bergauf zum Weilsberg führt.

Nach ca. 100 m nehmen Sie den linken Abzweig und umrunden so den Weilsberg. Nach ca. 650 m orientieren Sie sich wieder an der Markierung „roter Milan" und halten sich links auf dem Weg, der leicht bergab führt, bis Sie nach fast 500 m an eine breite Forststraße gelangen. Sie gehen geradeaus und bleiben für ca. 750 m auf dieser breiten Forststraße, der historischen Hünerstraße. Unterwegs ❶ haben Sie einen wunderschönen Blick auf Oberreifenberg mit seiner Burg und die auf einer Anhöhe liegende St.-Gertrudis-Kapelle.

Historische Glasöfen

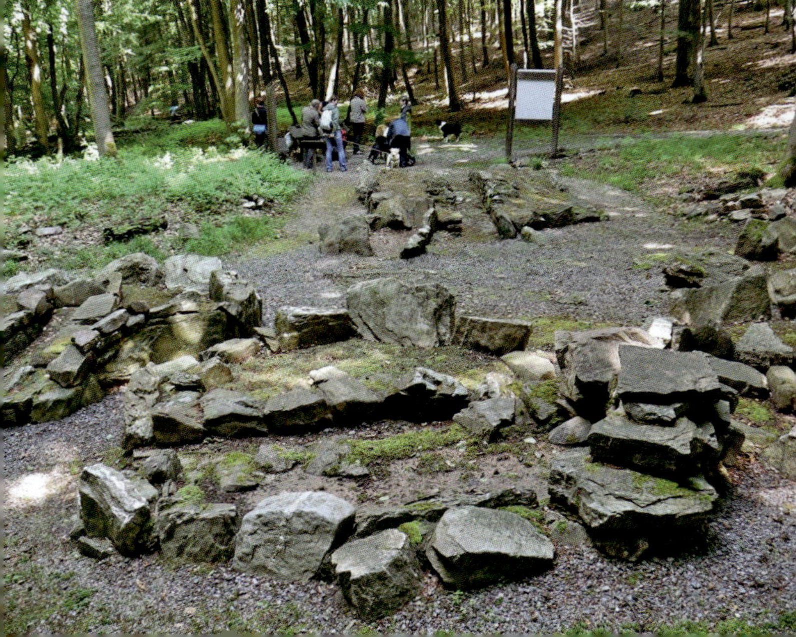

Im Jahre 1862 saßen ein paar zechfreudige Reifenberger am Heiligen Abend noch in der Burgschänke und spielten Karten. Es war schon spät, als sich ein Fremder zu ihnen gesellte, um mitzuspielen. Als während des Spiels eine Karte zu Boden fiel und die Männer sich danach bückten, erkannten sie, dass der Fremde einen Pferdefuß hatte. Geschockt durch die Erkenntnis, mit dem Teufel Karten gespielt zu haben, rannten sie aus der Schänke und durch den Schnee zur St.-Gertrudis-Kapelle, um dort zu beten.

Wahrscheinlich waren sie geläutert und saßen nie mehr am Heiligen Abend zu lange in der Gastwirtschaft.

Nach den 1,1 km biegen Sie an in einer Spitzkehre links ab.

Im weiteren Verlauf wählen Sie stets den Pfad, der bergab führt. Sie überqueren dreimal breite Forststraßen, bleiben aber auf dem unmarkierten Weg, der stetig, teilweise recht steil bergab führt.

Wenn Sie nach etwas mehr als 1 km fast im Talgrund des Emsbachtales angelangt sind, biegen Sie links ab und folgen der Forststraße in Richtung Königstein und Rotes Kreuz, die zu Beginn mit einem weißen Viereck markiert ist. Erst gemütlich auf ebener Strecke, dann ein kurzes Stück bergauf gelangen Sie nach ca. 1,2 km an eine Weggabelung (km 5).

Hier sollten Sie den absolut lohnenswerten Exkurs zu den historischen Glasöfen machen. Dafür halten Sie sich rechts und wandern auf der breiten Forststraße ca. 500 m bis zum Hinweisschild „Historische Glasöfen". Sie gehen rechts und erreichen nach 50 m die Ruinen der historischen Glasöfen, die nicht betreten werden sollten ❷ (km 5,5).

⌘ ⩩ Einige Schautafeln beschreiben die Glasproduktion im späten Mittelalter und Tische und Bänke landen zu einer Rast ein.

Dieser Standort nahe dem Emsbach war im späten Mittelalter der perfekte Platz für eine Waldglashütte. Der für die Glasherstellung benötigte Sand wurde im Bachbett des Emsbaches abgebaut und Pottasche wurde aus der Asche von umstehenden Bäumen gewonnen. Der für die Glasherstellung benötigte Kalk und Holz, um die Öfen zu befeuern, waren ebenfalls reichlich vorhanden.

Waren die Produkte aus dem einfachen, grünlichen Waldglas, meist Trinkbecher oder Fensterscheiben, fertig, wurden sie zur nur 500 m entfernten Rennstraße, einem der Haupthandelswege des Mittelalters zwischen Rhein-Main-Gebiet und Hintertaunus, gebracht und fanden von dort ihren Weg in die restliche Welt.

☺ Hunde finden im nahe gelegenen Emsbach eine Trinkgelegenheit und Premium-Geocacher können das Rätsel des Waldglases lösen.

🌐 GC1AC05 Grünes Waldglas, Schwierigkeit 2, Gelände 3, Rätselcache, Small

Nach diesem kleinen Exkurs ins Mittelalter wandern Sie auf gleichem Weg zurück, bis Sie wieder an die bekannte Weggabelung gelangen.

Hier folgen Sie nicht dem rechten Weg, der als Zackenweg ausgewiesen ist, sondern gehen geradeaus.

Der anfangs breite, unmarkierte Rückweg wird schließlich zum engen Waldpfad und nun sollten Sie aufmerksam nach Wegmarkierungen schauen, denn Sie müssen den Abzweig – ca. 750 m nach der Gabelung – finden, der mit einem roten Milan gekennzeichnet ist und sanft geschwungen nach rechts oben führt. Sollten Sie den roten Milan entdecken und die Wegführung eine Spitzkehre sein, dann ist es zu früh, der richtige Abzweig kommt erst nach ca. 200 m.

Der Oberemser Felsensteig, der Sie ab jetzt in einer spektakulären Wegführung durch die Felsenlandschaft rund um den Beilstein führt, ist als Bergpfad mit alpinem Charakter beschrieben und sollte nur von geübten, trittsicheren Wanderern begangen werden. Die Begehung des Pfades ist aber nicht wirklich gefährlich und vor allem ältere Kinder werden dieses Abenteuer lieben.

Der Beilstein und der nahe gelegene Zacken sind beliebte Kletterfelsen im Taunus. Das griffige Schiefergestein und ca. 40 Kletterrouten im einfachen und mittleren Schwierigkeitsbereich locken Kletterfreunde aus dem gesamten Rhein-Main-Gebiet an.

☺ Besonders an Wochenenden bietet sich hier oft die Gelegenheit, Kletterkünstler aus der Nähe zu beobachten.

Der Felsensteig ist bestens markiert. Sie folgen dem roten Milan über Stock und Stein und durch enge Felsengänge. Zweimal kommen Sie auch auf breite Forststraßen, doch der rote Milan führt Sie immer wieder ins steile Felsengelände zurück. An der ersten Forststraße biegen Sie links ab und der rote Milan führt Sie ca. nach 180 m wieder nach rechts in den Wald. An der zweiten Forststraße angelangt, halten Sie sich rechts, umrunden die Linkskurve und steigen sofort wieder in die Felsenformation nach links ein.

Nach ca. 1,1 km Abenteuer auf dem Felsensteig gelangen Sie auf die Forststraße unterhalb des Weilsbergs, wo Sie rechts abbiegen und der Beschilderung „Rotes Kreuz 1,5 km“ folgen.

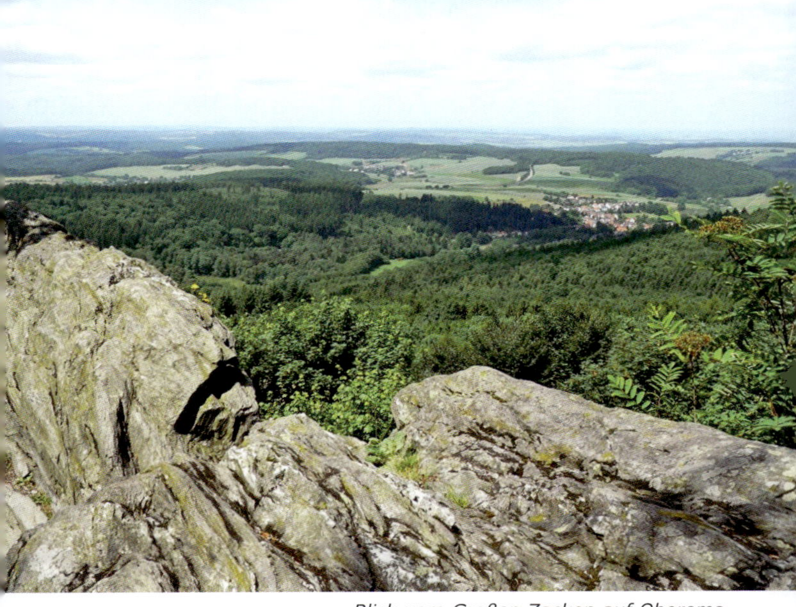

Blick vom Großen Zacken auf Oberems

Sie können ca. 600m nach der Beschilderung „Rotes Kreuz" ❸ einen Abstecher nach rechts zum Großen Zacken machen. Dieser Abstecher führt Sie ca. 230 m auf einem steilen Bergpfad abwärts, bis zum Aussichtspunkt am Großen Zacken, einer 15 m steil abfallender Klippe.

Die Felsen sind nicht gesichert.

Wieder zurück auf dem Hauptweg folgen Sie weiter der Beschilderung, bis Sie wieder an den Parkplatz Weilsberg gelangen.

9 Mystische Orte: Altkönig und Weiße Mauer

Tour für Familien mit älteren Kindern

Auf teils abenteuerlichen, steilen Pfaden erklimmen Sie auf dieser anspruchsvollen Rundwanderung den sagenumwobenen Gipfel des Altkönigs. Der mit 798 m dritthöchste Taunusgipfel war schon vor 2.400 Jahren von Kelten besiedelt, wovon auch heute noch die Überreste der Ringwälle zeugen. Und immer noch umgibt ihn eine zauberhafte Magie, der auch Sie sich bestimmt nicht entziehen können.

Start/Ziel: Wanderparkplatz Fuchstanzweg in Falkenstein, GPS N 50°11.795' E 008°28,662'

10 km

4 Std.

390 m/390 m

470-798 m

grüner Punkt, schwarzer Balken, grüner Balken, gelber Balken, grünes Eichenblatt

teilweise steiler Anstieg ohne Schatten

Fuchstanz (km 7,5)

Altköniggipfel (km 3,3)

kurzweilige, aber anstrengende Tour

Die Tour ist für Buggys nicht empfehlenswert. Eine Alternative ist eine kurze Tour vom Parkplatz zum Fuchstanz und wieder zurück.

Die Tour ist für Hunde sehr empfehlenswert, am Wochenende kann hier allerdings viel Betrieb sein (vor allem durch Mountainbiker).

am Start/Ziel oder Wanderparkplatz Schardtwald (km 1, GPS N 50°11.988 E 008°28.988', alternativer Startpunkt)

RMV-Linien 80 und 84 Königstein – Falkenstein, ca. alle 30 Min.

Vom Parkplatz gehen Sie auf dem Fuchstanzweg, der mit einem grünen Eichenblatt markiert ist, bergauf. Nach 400 m gelangen Sie an ein Wegkreuz, an dem Sie rechts abbiegen und dem grünen Punkt folgen. Nach weiteren 400 m erreichen Sie den Parkplatz Schardtwald ❶, an dem Sie alternativ die Tour beginnen können.

Am Rettungspunkt HG-32 weist ein Schilderwald nach links und rechts. Sie gehen auf dem Weg, der nicht weiter bezeichnet ist, geradeaus weiter. Am Einfahrt-verboten-Schild vorbei führt Sie der breite Forstweg geradeaus.

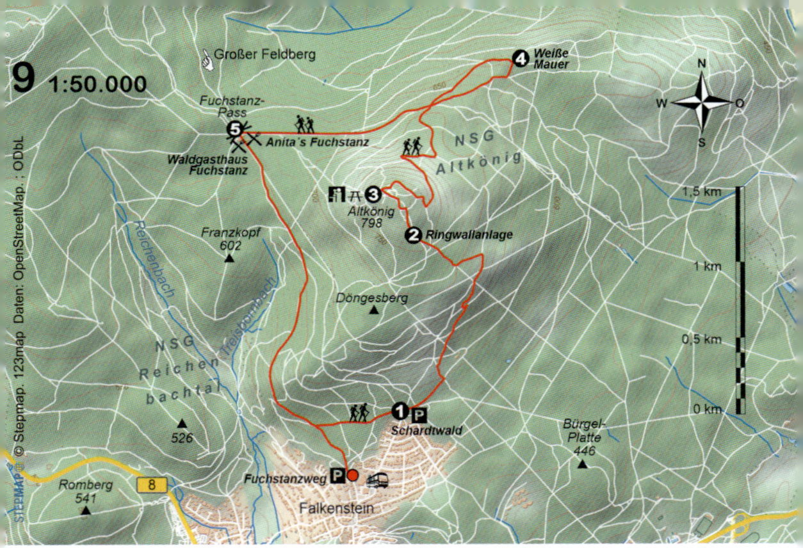

9 1:50.000

Großer Feldberg
Fuchstanz-Pass
Anita's Fuchstanz
Waldgasthaus Fuchstanz
Weiße Mauer
NSG Altkönig
Altkönig 798
Ringwallanlage
Franzkopf 602
Döngesberg
NSG Reichenbachtal
Reichenbach
Treisbornbach
Schardtwald
Fuchstanzweg
Falkenstein
Romberg 541
526
Bürgel-Platte 446
1,5 km
1 km
0,5 km
0 km
© Stepmap, 123map Daten: OpenStreetMap ; ODbL

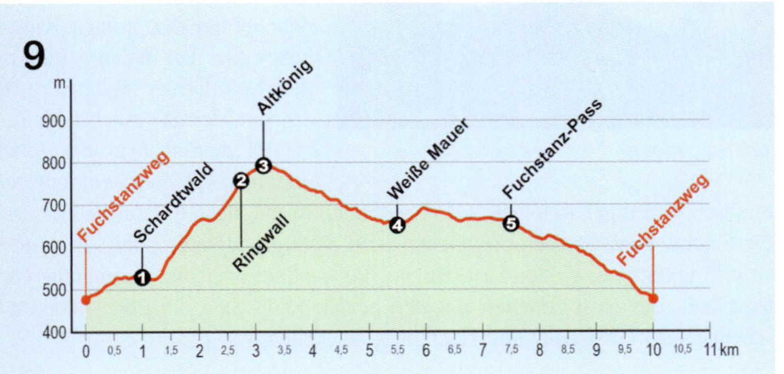

Nach ca. 100 m folgen Sie dem Weg, der links leicht bergauf führt, und ignorieren die Markierung „grüner Punkt", die den rechten Weg ausweist. Ca. 400 m nach dem Schilderwald am Parkplatz Schardtwald zweigt ein Weg, der mit einem schwarzen Balken markiert ist, links ab und führt recht steil bergauf.

Diesem Weg folgen Sie nun eine ganze Weile. Er verläuft teilweise als schmaler Pfad parallel zum Hang. Besonders an manchen Herbsttagen, wenn Nebelfetzen in der Luft hängen, verwandelt sich der Wald hier in eine verwunschene Feen- und Elfenlandschaft. Mit dickem Moos bedeckte Felsen säumen den Weg und der weiche Waldboden dämpft die Schritte.

Leider hat die Trockenheit der letzten Sommer auch hier ihre Spuren hinterlassen und besonders im unteren Bereich ist eine etwas größere Kahlfläche entstanden. Nach ca. 900 m auf dem steilen Weg mit schwarzem Balken erreichen Sie eine Forststraße, an der Sie der Markierung folgend rechts abbiegen.

↳ Sie können auch die direkte Linie wählen und schnurgerade hoch den steilen Hang erklimmen. Empfehlenswerter und angenehmer ist allerdings der Forstweg, der nach einer Linkskurve an dieselbe Stelle gelangt wie der direkte Weg.

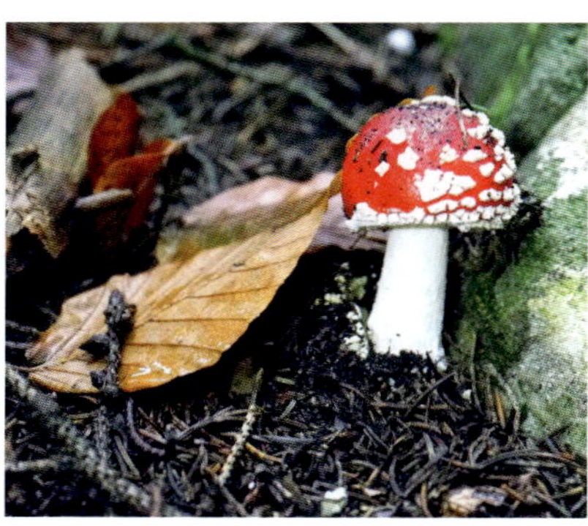

Elfenwohnung

Sind Sie dem Forstweg gefolgt, biegen Sie hier rechts ab und folgen dem Pfad, der sporadisch mit einem grünen Balken und einem X für „Europäischer Fernwanderweg Nr. 1" gekennzeichnet ist, steil bergauf. Nach 450 anstrengenden Metern auf den Spuren des grünen Balkens haben Sie den äußeren Ringwall der historischen Keltenburg ❷ erreicht, den Sie durchsteigen.

Auf dem Plateau des Altkönigs betreten Sie wiederum eine mystisch wirkende Landschaft. Der Waldboden ist mit dichtem Gras bedeckt und die Bäume, meist Buchen und Eichen, sind niedrig und verkrüppelt, als würden sie sich unter einer großen Last beugen. Sie wandern über dieses magische Gipfelplateau, das einst komplett mit den beiden Ringwällen umgeben und wahrscheinlich ein Fürstensitz und Fluchtburg der Kelten war.

Seit jeher ranken sich viele Sagen und Legenden um den Altkönig. Es wird von unermesslichen Schätzen berichtet, die sich in tiefen Höhlen unter dem Gipfelplateau befinden und die von Berggeistern und schlummernden Jungfrauen bewacht werden.

So erzählt eine Legende von einer Frau, die am Himmelfahrtstag, statt in die Kirche zu gehen, hinauf zum Altkönig wanderte, um Kräuter zu sammeln. Sie hatte gerade ein besonders schönes Sträußchen wilden Majoran gepflückt, als plötzlich ein zorniger Berggeist vor ihr stand und ihr „den Kragen umdrehen wollt'", weil er sie für eine Schatzsucherin hielt. Als er aber den Strauß aus Heilkräutern bei der Frau entdeckte, war er besänftigt und verschwand sofort.

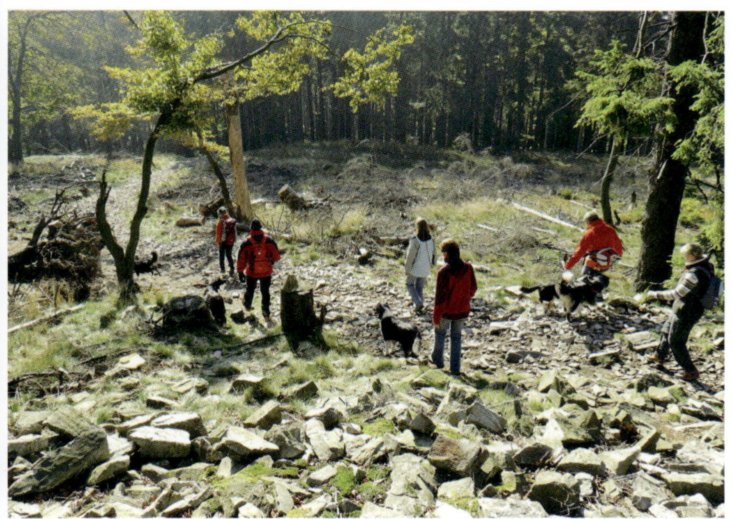

Ringwälle

Auf einer freien Wiese stehen Tisch und Bank ❸ (km 3,3) und mit einem schönen Blick auf den Großen Feldberg, der hier zum Greifen nah erscheint, können Sie die wohlverdiente Gipfelrast genießen und vielleicht selbst ein wenig wilden Majoran pflücken.

Nach der Rast halten Sie sich rechts und erkennen nach ca. 50 m unter einem Baum einen weiteren hübschen Rastplatz. Hier sollten Sie sich etwas Zeit nehmen, um den richtigen Weg zu finden, denn die Wegführung ist an diesem Ort etwas irritierend und der Altkönig narrt die Wanderer gern.

Sie suchen den Weg, der mit dem grünen Balken markiert ist und in einem kleinen Birkenwäldchen in die Nordseite des Altkönigs, also links, absteigt. Nehmen Sie nicht den besser erkennbaren Weg – leider ebenfalls mit einem grünen Balken markiert –, der von der Bank aus offensichtlich scheint.

Sind Sie auf dem richtigen Weg, durchwandern Sie nach nur 200 m den inneren Ringwall des Altkönigs und haben nach einer Linkskurve einen beeindruckenden Ausblick auf die Rhein-Main-Ebene zu Ihren Füßen.

Zu Goethes Zeiten war der Gipfel des Altkönigs nicht bewaldet und so berichtete er, dass man an klaren Tagen von Frankfurt aus die weißen Ringwälle des Altkönigs erkennen konnte.

Sie folgen weiter der Markierung „grüner Balken“ bergab und erreichen ca. 1,4 km nach dem Altköniggipfel eine Wegkreuzung, an die Sie später noch einmal gelangen werden. Jetzt halten Sie sich rechts und wählen den mittleren der drei Wege, der leicht bergab führt. Der Weg ist u. a. mit einen gelben und einem grünen Viereck markiert und weist zur Hohemark und dem Taunus Informationszentrum. Nach ca. 575 m gelangen Sie erneut an eine Weggabelung, wo Sie links in den unmarkierten Weg abbiegen. Nach weiteren 110 m haben Sie das Naturschutzgebiet erreicht, das die Weiße Mauer ❹ (km 5,5), ein in der Eiszeit entstandenes Quarzitfeld, umgibt. Ein weiterer mystischer Ort, der leider aufgrund des Naturschutzgebietes nicht betreten werden darf. Aber schon vom Weg aus lässt sich seine Magie erspüren.

Sie folgen dem Hauptweg nach links und haben nach 650 m wieder die bekannte Kreuzung erreicht, wo Sie den Markierungen folgen, die den Weg zur Gaststätte am Fuchstanz weisen.

Sie laufen jetzt auf der Pflasterstraße, einer historischen Römerstraße, die angelegt wurde, um die römische Siedlung Nida (heute Frankfurt-Heddernheim) mit dem Römerkastell am Kleinen Feldberg zu verbinden. Wenn Sie aufmerksam den Weg betrachten, können Sie hier teilweise noch Überreste des alten römischen Pflasters erkennen.

Nach 1,3 km haben Sie die beiden Gaststätten am historischen Fuchstanz-Pass erreicht ❺.

✕ Waldgasthaus Fuchstanz, Tillmannsweg, 61462 Königstein, ☏ 061 74/212 23, 💻 www.fuchstanz-meister.de, Mi-So und Fei 10:00-18:00, ☝ Öffnungszeiten sind wetterabhängig, im Zweifel anrufen

♦ Anita's Fuchstanz, Tillmannsweg, 61462 Königstein, ☏ 061 74/212 81, 💻 www.anitas-fuchstanz.de, Di-So und Fei 9:30-17:00, Mo Ruhetag

Sie biegen links ab und gehen zwischen den beiden Gaststätten hindurch auf dem Weg, der mit einem gelben Balken markiert ist, nach unten.

Ca. 900 m nach den Gaststätten gelangen Sie an eine Wegkreuzung. Sie nehmen den rechten der beiden Wege, der leicht bergab nach Falkenstein führt. Der Weg ist jetzt mit einem grünen Eichenblatt markiert und führt Sie sanft, aber stetig bergab, bis nach ca. 2,4 km die Wegkreuzung mit dem beeindruckenden Wegkreuz erreicht ist, an der Sie schon zu Beginn der Wanderung vorbeigekommen sind. Hier biegen Sie rechts ab und haben nach ca. 400 m den Parkplatz Fuchstanzweg erreicht.

Vordertaunus

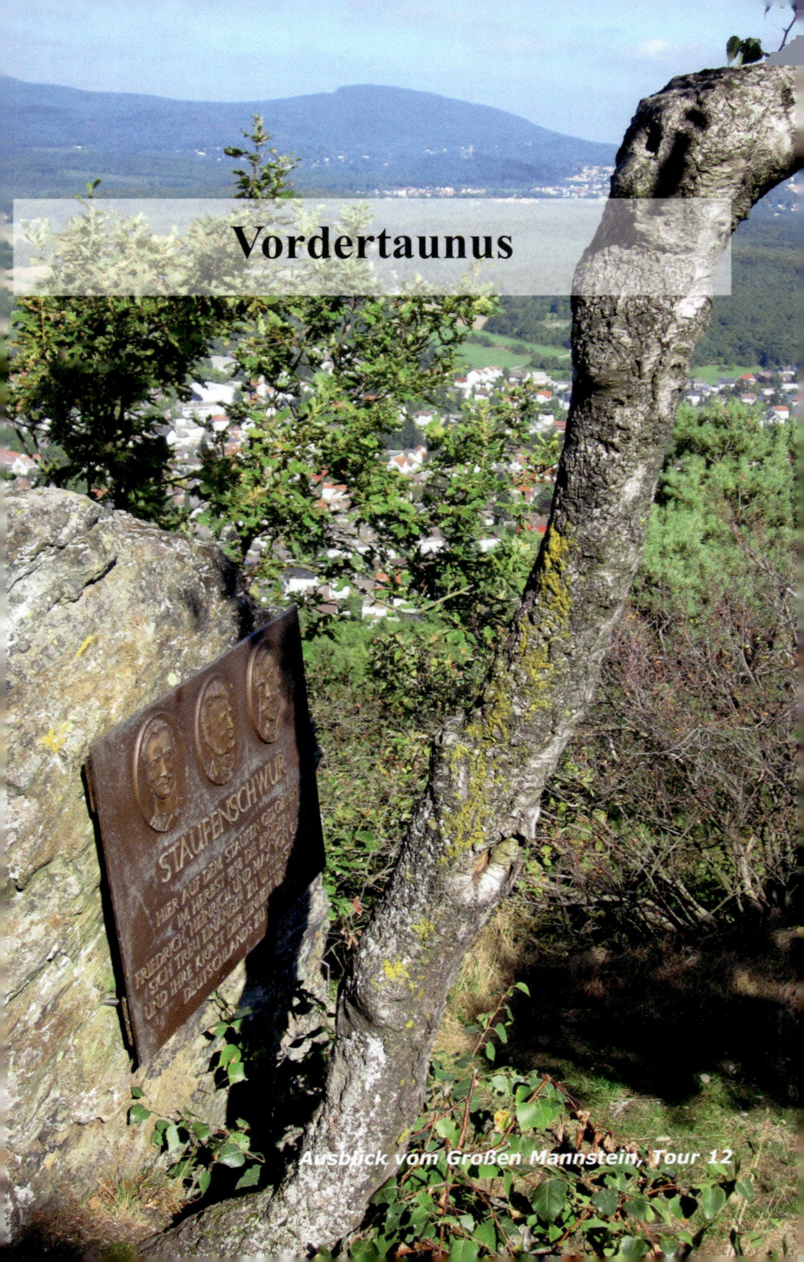

Ausblick vom Großen Mannstein, Tour 12

10 Die Erdbeermeile: von Bad Soden zur Roten Mühle

Tour für Familien

Ein Stadtrundgang durch den einst mondänen Kurort Bad Soden bildet den Auftakt zu dieser leichten Rundwanderung. Über die weiten und offenen Felder des Vordertaunus führen Sie meist asphaltierte, breite Wirtschaftswege zur Roten Mühle, wo Sie eine Gaststätte, ein Biergarten und ein Kinderspielplatz erwarten. Die weitläufigen Streuobstwiesen und die zahlreichen Obstgüter geben dieser Region den Beinamen „die Erdbeermeile". Mit einem herrlichen Blick auf die Skyline von Frankfurt wandern Sie entlang der Erdbeermeile zurück nach Bad Soden.

- Start/Ziel: Bahnhof Bad Soden, Salinenstraße, GPS N 50°08.574' E 008°30.233'
- 11,9 km
- ca. 3 Std. 30 Min.
- 277 m/277 m
- 136-312 m
- teilweise ohne Markierung, grüner Balken, schwarzer Balken
- meist asphaltierte Wirtschaftswege, nach Johanniswald einfache Waldpfade, wenig Schatten
- Landgasthof Rote Mühle (km 5,2)
- Rastplatz am Liederbach (km 5)
- FreiBadSoden (km 1,5)
- Geeignet. Es muss zweimal die recht stark befahrene B8 überquert werden.
- Gut geeignet. Die Überquerung der B8 im Wohngebiet Johanniswald ist durch eine recht enge Schranke gesichert. Sie kann aber rechts umgangen werden.
- Der Weg verläuft zum großen Teil über asphaltierte Wege, Trinkmöglichkeit am Liederbach.
- P an den Sportanlagen, Kelkheimer Straße (km 1,8, GPS N 50°08.642' E 008°29.151', alternativer Startpunkt)
- S-Bahn S3 Frankfurt – Bad Soden, alle 30 Min.
- Diese Wanderung lässt sich wunderbar im Frühjahr (zur Obstblüte) oder im Herbst durchführen. Im Sommer kann es auf den schattenlosen Wegen zu heiß sein.

Schon früh hat die Entdeckung von heilenden Solequellen dem Ort Bad Soden zu Wohlstand und Ansehen verholfen. Bereits Mitte des 19. Jh. kamen die wohlhabenden Frankfurter Bürger, aber auch gekrönte Häupter nach Bad Soden, um sich zu erholen.

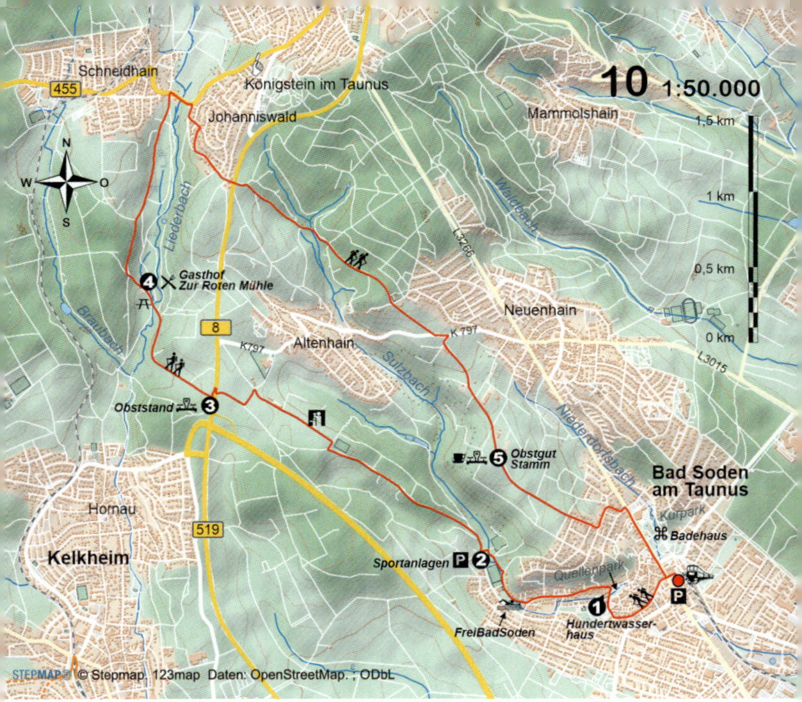

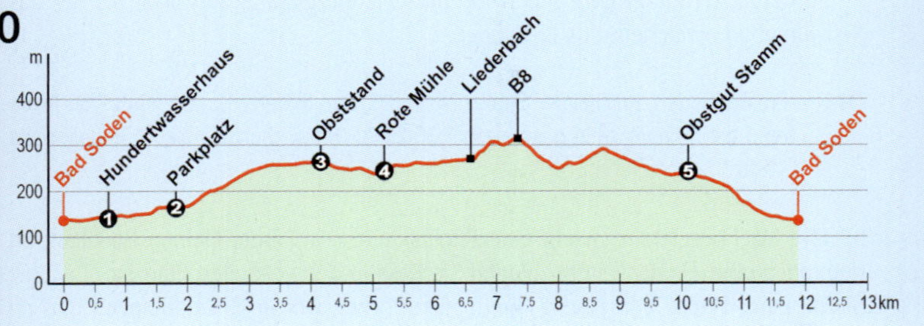

Zeugnisse dieser vergangenen Zeiten sind die Parkanlagen von Bad Soden mit exotischen Gehölzen und die vielen wunderschönen Brunnen, an denen Sie dieser Weg vorbeiführt.

Sie beginnen die Wanderung am S-Bahnhof von Bad Soden. Hier überqueren Sie die Königsteiner Straße und gehen geradeaus in den Wiesenweg. Nach ca. 400 m biegen Sie rechts ab in die Straße Zum Quellenpark.

Links liegt der Wilhelmspark, in dem sich einige Brunnenanlagen befinden. Auch am Franzensbader Platz und ein Stückchen weiter im Quellenpark gibt es verschiedene Heilbrunnen. Der wohl bekannteste Brunnen in Bad Soden ist der Solbrunnen, der vom beeindruckenden Sodenia-Pavillon umgeben ist.

An der Ecke Zum Quellenpark/Dachbergstraße steht das bekannte Hundertwasserhaus von Bad Soden ❶.

Friedensreich Regentag Dunkelbunt Hundertwasser (1928-2000) war ein österreichischer Künstler, der unter dem bürgerlichen Namen Friedrich Stowasser in Wien geboren wurde. 1929 starb sein Vater an einer Blinddarmentzündung und seine Mutter zog ihn allein groß. Obwohl seine Mutter jüdischen Glaubens war, wurde Friedrich katholisch getauft und besuchte die Montessori-Schule in Wien, wo er bereits durch sein außergewöhnliches künstlerisches Talent auffiel. Nach der Matura besuchte er die Wiener Akademie der Bildenden Künste und später führten ihn Reisen durch Europa und die ganze Welt. Er malte, wo auch immer er sich aufhielt, in der Natur, im Flugzeug oder bei Freunden, bei denen er zu Gast war. Stets trug er einen Miniaturmalkasten bei sich, um immer und überall malen zu können.

Ab den 50er-Jahren beschäftigte sich Hundertwasser auch mit Architektur und seine bunten, fröhlichen Häuser, die keine rechten Winkel kennen, wurden weltberühmt.

Am Hundertwasserhaus gehen Sie die Dachbergstraße aufwärts, bis Sie das Schwimmbad erreichen, das links liegt.

FreiBadSoden, Kelkheimer Straße 74, 65812 Bad Soden, ☏ 061 96/227 50 (während der Saison), in der Saison 7:30-20:00, Kassenschluss 19:00, Badeschluss 19:45

Die Dachbergstraße macht eine Rechtskurve. An einem kleinen Bächlein, an dem auch eine Bank steht, biegen Sie links in den schmalen Pfad ein. Er führt Sie an einer Wiese und einem Hundeplatz vorbei, wo Sie links abbiegen und an den **P** Parkplatz der Sportanlagen und des Freibades gelangen ❷. Hier können Sie die Wanderung alternativ beginnen.

Sie halten sich rechts und folgen auf den nächsten Kilometern (bis zum Gasthaus Rote Mühle) der Markierung „grüner Balken“. Nach ca. 100 m nehmen Sie den linken Weg, der leicht bergauf in den Wald führt. Ca. 1,5 km weiter verlassen Sie den Wald, gelangen auf freie Felder und haben einen wunderbaren Blick über die sanft geschwungenen Hügel des Vordertaunus.

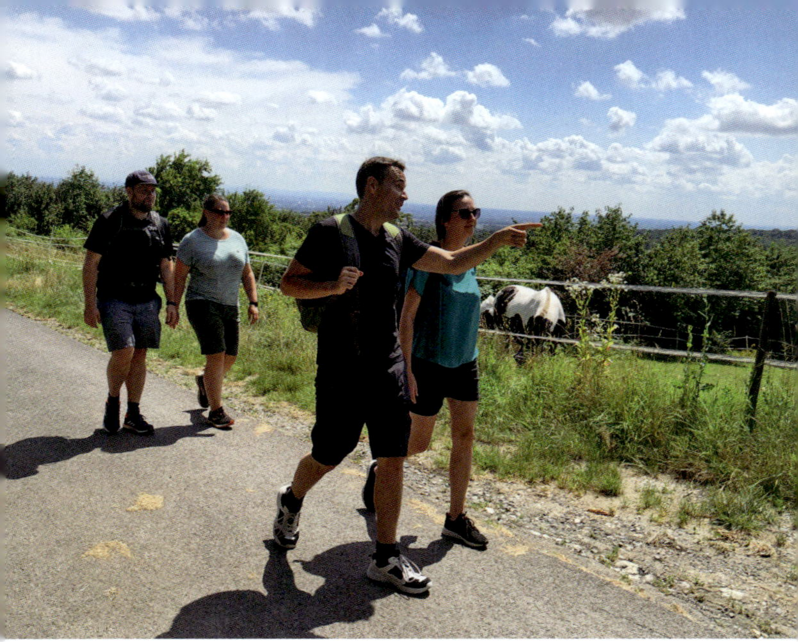

Unterwegs auf der Erdbeermeile

Rechts sehen Sie den Großen Feldberg mit seinen Sendeanlagen und im Vordergrund steht malerisch die Burg Königstein. An einem Bildstock biegen Sie links ab und nach ca. 150 m nehme Sie den Weg nach rechts. Leider fehlt hier die Markierung „grüner Balken".

❀ Nach ca. 270 m müssen Sie die stark befahrene B8 überqueren.

☺ Am Parkplatz an der B8 steht ein kleiner Obstverkaufsstand ❸, wo Sie Obst zum Naschen einkaufen können. Die Erdbeermeile lässt grüßen.

Am Obstverkaufsstand laufen Sie die Straße hinab bis zum Gasthof Zur Roten Mühle ❹. Kurz vor dem Gasthaus gelangen Sie an den Liederbach. Hier befindet sich eine kleine Wiese und ⛨ Tische und Bänke laden zu einer Verschnaufpause ein (km 5).

✕ Landgasthof Rote Mühle, Rote Mühle 1, 65812 Bad Soden, ☏ 061 74/37 93, 💻 www.landgasthof-rote-muehle.de, 🚪 Mo-Fr 15:00-22:00, Sa + So 12:00-22:00, Küche bis 21:00

Sie gehen am Gasthof vorbei zunächst geradeaus in den Wald und biegen nach ca. 50 m rechts in Richtung Schneidhain ab. Am Ende des Waldes führt Sie der Weg mit einem schönen Blick auf die Königsteiner Burg über saftige Wiesen.

Am Ende der Wiese stoßen Sie auf die Wiesbadener Straße, biegen rechts ab, überqueren den Liederbach und biegen dann gleich wieder rechts in den Drosselweg ein. Im hübschen Villenviertel Johanniswald folgen Sie dem Drosselweg steil bergauf und biegen bei der zweiten Möglichkeit rechts ab in den Lerchenweg. Am Ende des Lerchenweges führt ein zwischen den Häusern kaum zu erkennender Pfad geradeaus zur B8.

Sie überqueren die Bundesstraße und wählen auf der anderen Seite den Weg, der geradeaus leicht bergab führt. Nach ca. 400 m, an einer T-Kreuzung, nehmen Sie den linken Weg, der Sie nach kurzer Zeit auf einen breiten Forstweg führt. Hier entdecken Sie die Markierung „schwarzer Balken", die Sie von nun an bis Bad Soden begleitet.

Der Weg führt Sie erst durch lichten Wald, dann über reizvolle Streuobstwiesen. Die weite, sonnenverwöhnte Ebene des Vordertaunus beheimatet viele Obstgüter und -höfe und die meisten bieten in ihren Hofläden direkt vermarktete Produkte aus der Region an, wie z. B. das Obstgut Stamm ❺. Eine gute Gelegenheit, frisches Obst von der Erdbeermeile mit nach Hause zu nehmen.

☕ ⚖ Obstgut Stamm, Hofladen und PanoramaCafé, Wacholderhof 1, 65812 Bad Soden, ☏ 061 96/998 98 14, 💻 www.obstgut-stamm.de, 🚪 Mi-Fr 10:00-12:00 und 14:00-18:00, Sa, So und Fei 12:00-17:00, Mo + Di geschlossen

Sie folgen weiter dem mit einem schwarzen Balken markierten Weg bis zur Königsteiner Straße, die Sie wieder an den Ausgangspunkt dieser Wanderung, den Bad Sodener Bahnhof, bringt.

☺ Wenn Sie nicht zu viel Obst im Rucksack haben, können Sie diese Wanderung mit einem angenehmen Bummel durch den Kurpark, einem Eiskaffee oder einem Besuch des Badehauses, dem kulturellen Zentrum Bad Sodens, abschließen.

ℹ www.bad-soden.de, ☏ 061 96/20 84 11

⌘ Badehaus im Alten Kurpark (Internetadresse ☞ ℹ), wechselnde Ausstellungen mit unterschiedlichen Öffnungszeiten

11 Taunus-Krimi-Tour

Tour (nicht nur) für Krimifans

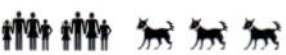

Die Autorin Nele Neuhaus schreibt Taunus-Krimis. Und spätestens seit „Schneewittchen muss sterben" weiß jeder Krimifan, dass es im Taunus nicht nur beschaulich zugeht. Hinter der heilen Vordertaunusfassade verbergen sich Mord, Intrigen und menschliche Abgründe. Diese leichte Rundwanderung führt Sie zu einigen Schauplätzen der Romane und lässt die Kommissare Oliver von Bodenstein und Pia Kirchhoff lebendig werden.

Start/Ziel: Bushaltestelle Zauberberg in Ruppertshain, GPS N 50°10.656' E 008°24.316'

7,2 km

ca. 3 Std.

302 m/302 m

277-501 m

blaue Forelle, grüner Punkt, Tempel

Der Auf- und Abstieg am Atzelberg führt über einen schmalen, steilen Bergpfad, ebenfalls der Abstieg zum Silberbach. Ansonsten gut zu gehende Forstwege

Ristorante Merlin (km 0 bzw. km 7,2)

Bank bei Eppenhain (km 3,2)

Auch ohne Krimihintergrund ist die Wanderung zum Atzelberg und entlang des Silberbachs für Kinder kurzweilig und gut machbar.

Der Auf- und Abstieg zum Atzelberg führt über steile Pfade und ist für Buggys nicht empfehlenswert.

Gut geeignet. Hunde sind im Restaurant Merlin erlaubt.

Wanderparkplatz Eppenhainer Kreuz in Ruppertshain (km 0,5, GPS N 50°10.692' E 008°23.994', alternativer Startpunkt)

RMV-Linie 804 Königstein – MTZ; Linie 805 Königstein – Eppstein; beide stündlich

Schon früh stand für Nele Neuhaus fest: „Ich werde Schriftstellerin." Bereits mit fünf Jahren schrieb sie ihre erste Geschichte und mit viel Fleiß und Durchhaltevermögen brachte sie schließlich 2005 ihr erstes Buch „Unter Haien" auf den Weg. Noch im gleichen Jahr folgte der erste Taunus-Krimi „Eine unbeliebte Frau".

Mit viel Liebe zum Detail, authentischen Figuren und einem feinen Gespür für den Taunus und seine Bewohner schreibt Nele Neuhaus Krimis, die den Leser bis zur letzten Seite fesseln.

Die Kommissare Oliver von Bodenstein und Pia Kirchhoff vom K 11, der Mordkommission in Hofheim, lösen an real existierenden Orten geschickt konstruierte Fälle, und wer den Taunus kennt, der wird sich in den Büchern wie zu Hause fühlen. Der im Oktober 2016 erschienene 8. Taunus-Krimi „Im Wald" spielt hauptsächlich in und um Ruppertshain. Die Geschichte führt Oliver von Bodenstein weit zurück in seine Kindheit, die er unweit von Ruppertshain auf einem Hofgut verbrachte.

Gleich der erste Fall, den das Ermittlerduo Oliver von Bodenstein und Pia Kirchhoff zu lösen hat, „Eine unbeliebte Frau", führt sie in die Gegend um Ruppertshain.

„Sie fuhren aus Fischbach hinaus Richtung Ruppertshain. Vor ein paar Jahren hatte Cosima in dem kleinen Ort im Taunus eine neue Bleibe für ihre Filmproduktionsgesellschaft gefunden, weil die Räumlichkeiten in Frankfurt einfach zu teuer geworden waren. In dem denkmalgeschützten Gebäudekomplex der ehemaligen Lungenheilstätte, die vor ein paar Jahren von einem geschäftstüchtigen Investorenkonsortium gekauft und (...) in das prestigeträchtige Objekt „Zauberberg" mit Eigentumswohnungen, Künstlerateliers, Arztpraxen, Büroräumen und Restaurant verwandelt worden war, waren die Mieten noch erschwinglich."

📖 Nele Neuhaus: „Eine unbeliebte Frau", „Wer Wind sät", „Böser Wolf" (alle im Ullstein Verlag erschienen) oder alle anderen Taunus-Krimis von Nele Neuhaus

An der Bushaltestelle des Zauberbergs beginnt diese Wanderung. Sie laufen an dem „prestigeträchtigen Objekt" entlang, halten sich an der nächsten Gabelung rechts und folgen der Eppenhainer Straße leicht bergauf. Nach ca. 400 m biegen Sie rechts ab und erreichen ca. 50 m weiter den **P** Wanderparkplatz Eppenhainer Kreuz, an dem Sie die Wanderung alternativ starten können (km 0,5).

Sie biegen am Parkplatz links ab und folgen der Markierung „blaue Forelle".

Nach ca. 500 m biegen Sie an einer Weggabelung ohne Markierung rechts ab und wandern ohne Steigung auf einem breiten Forstweg durch lichten Wald. Links von Ihnen erkennen Sie den Atzelberg, den es zu erklimmen gilt. Nach ca. 600 m zweigt ein schmaler Pfad, der den Atzelberg ausweist, scharf links ab und führt nun steil nach oben. Nach 350 anstrengenden Metern haben Sie den Gipfel des Atzelberges ❶ mit seinem ehemaligen Aussichtsturm erreicht, wo die Kommissare mit einem Todesfall konfrontiert sind.

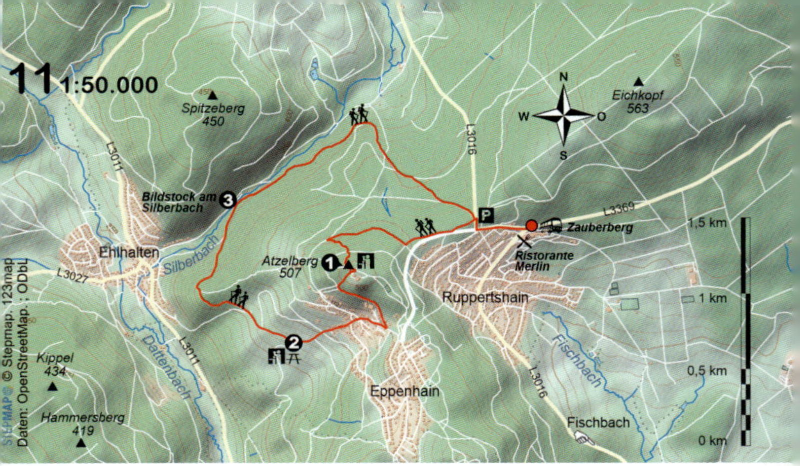

11 1:50.000

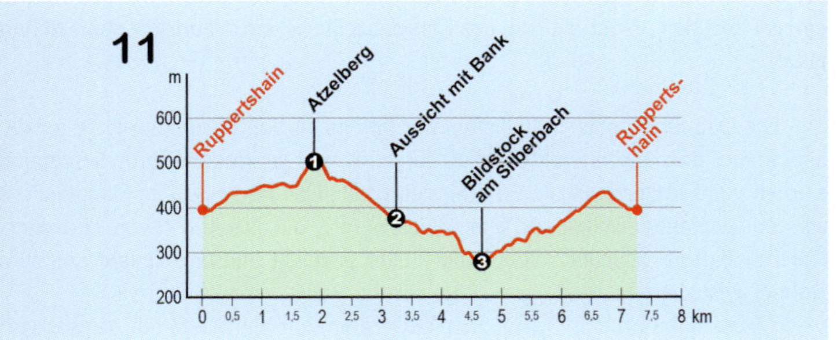

„Die Frau lag auf dem Rücken im Gras, den linken Arm unter dem Körper, die Beine angewinkelt. Das helle Haar breitete sich wie ein Fächer um das bleiche Gesicht, sie hatte die Augen weit geöffnet, ihr Blick war starr und gebrochen. Bodenstein hob den Kopf und blickte den Turm hinauf. Es war ein massives Holzbauwerk, das sich weit über die Kronen der Bäume in den (...) Himmel erhob."

War es Selbstmord oder Mord? Diese Frage beschäftigt die beiden Kommissare in ihrem ersten Fall: „Eine unbeliebte Frau".

Atzelberg (km 2). Im Juli 2017 brach im oberen Drittel des Aussichtsturms ein Feuer aus, das den Holzturm massiv beschädigte und eine Begehung unmöglich machte. 2019 wurde der Turm abgerissen und seitdem erinnern nur die Fundamente an den Turm. Der Neubau eines Aussichtsturms am Atzelberg, allerdings als Stahlkonstruktion, ist bereits in Planung.

Sie wandern am Fundament des Turmes vorbei, biegen am Fernmeldeturm rechts ab und nehmen gleich wieder rechts den schmalen, mit einem grünen Punkt markierten Weg nach unten. An der nächsten Gabelung biegen Sie links ab und gelangen in den Atzelbergweg in Eppenhain. An der Hauptstraße, der Ehlhaltener Straße, angelangt, biegen Sie rechts ab und laufen durch Eppenhain, ein typisches idyllisches Taunusdörfchen mit viel Fachwerk.

Am Dorfbrunnen bleiben Sie geradeaus auf der Ehlhaltener Straße und folgen der Markierung „blaue Forelle" bergab aus dem Dorf hinaus.

Mit einem weiten Blick über die offene Taunuslandschaft wandern Sie auf dem breiten Wirtschaftsweg, bis Sie nach ca. 300 m, an einem Aussichtspunkt mit ⩫ Bank ❷ und einem Insektenhotel mit Infotafel, rechts abbiegen.

Nach ca. 400 m erreichen Sie ein Häuschen, hier sollten Sie aufmerksam nach dem Weg schauen. Der offensichtlichere linke Weg, den Sie nicht nehmen, würde Sie direkt nach Ehlhalten führen, wo Kommissar von Bodenstein bei den Ermittlungen zu „Wer Wind sät" in der Dattenbachhalle ein traumatisches Erlebnis hatte.

„Die Dattenbachhalle in Ehlhalten war bereits bis auf den letzten Platz gefüllt, aber immer noch strömten Menschen durch die weit geöffneten Türen herein und wurden von Ordnern auf die Empore geschickt. Das Interesse der Öffentlichkeit an dem geplanten Windpark schien riesengroß, die Nachricht von Hirtreiters Ableben hatte in Ehlhalten längst die Runde gemacht und die Neugier der Einwohner gesteigert ...

(...) Ein Tumult brach los. In einer Welle drängten Menschen mit panisch verzerrten Gesichtern auf den Ausgang zu, Stühle flogen, der Saal hatte sich in einen Hexenkessel verwandelt. Bodenstein fühlte sich unsanft gegen die Wand gepresst, für einen Moment blieb ihm die Luft weg."

Sie nehmen den rechten, mit einem Tempel markierten Weg, der direkt am Zaun des Häuschens rechts vorbei in den Wald führt. Am Dornholzberg vorbei wandern Sie erst gemütlich auf ebener Strecke, dann ein Stück etwas steiler bergab, bis Sie an den Silberbach gelangen, wo Sie an einem Bildstock ❸ rechts abbiegen. Dieser gut zu gehende Wanderweg führt Sie am Silberbach entlang wieder Richtung Ruppertshain. Nach ca. 1,6 km, an einer Kreuzung, folgen Sie der Markierung „blaue Forelle" rechts.

Nach weiteren 500 m können Sie den schmalen Abzweig nach rechts nehmen und sind wieder auf dem Wanderparkplatz Eppenhainer Kreuz in Ruppertshain. Die Eppenhainer Straße bringt Sie zur Bushaltestelle Zauberberg, dem Start- und Zielpunkt dieser Wanderung.

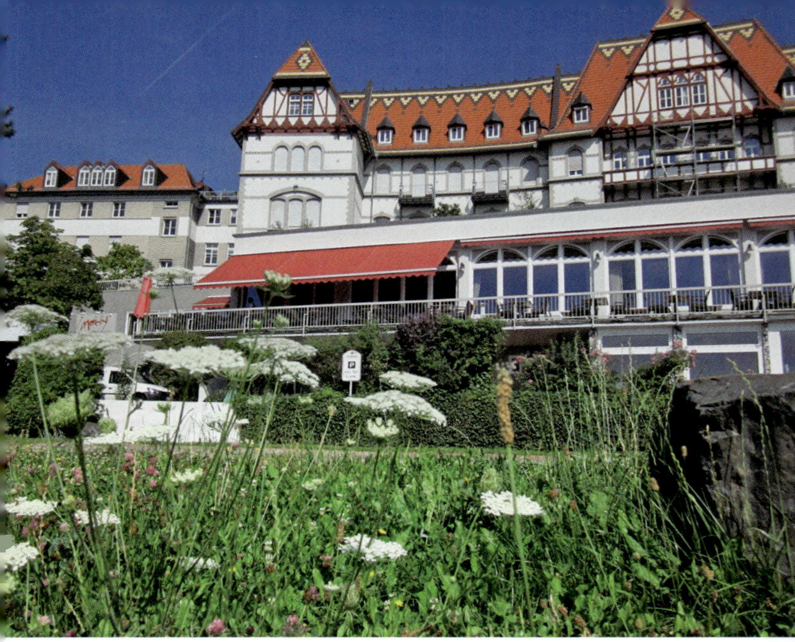

Der Zauberberg

☺ Aber vielleicht wollen Sie ja den Tag mit einer Pizza bei Merlin ausklingen lassen, wie Dr. Inka Hansen und Oliver von Bodenstein in der Geschichte „Böser Wolf“:

„Bodenstein erwärmte sich immer mehr für den Gedanken, nach Ruppertshain zu ziehen, um ganz in der Nähe seiner jüngsten Tochter zu leben. Cosima wohnte seit ein paar Monaten auch in Ruppertshain. Sie hatte eine Wohnung im Zauberberg, der ehemaligen Lungenheilstätte, gemietet, wo sie auch ihr Büro hatte. (…)

Er ging um das Auto herum zur Beifahrertür und stieg ein. „Das wäre doch wunderbar. Wollen wir schnell noch im Merlin eine Pizza essen gehen? Ich habe einen Bärenhunger.“

Inka setzte sich hinter das Lenkrad.

„Okay“, antwortete sie nach einem winzigen Zögern und ließ den Motor an.“

✕ Ristorante Merlin am Zauberberg, Robert-Koch-Str.120, 65779 Kelkheim-Ruppertshain, ☏ 061 74/96 46 73, 💻 www.merlin-zauberberg.de, 🚪 Di-Sa 11:30-14:30 und 17:30-23:00, So und Fei 11:30-23:30, Mo Ruhetag

⑫ Gimbi, Staufen, Kaisertempel

Tour für geschichtsinteressierte Genießer

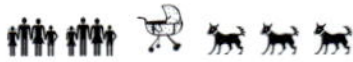

Diese abwechslungsreiche, mittelschwere Rundtour führt von Kelkheim über Lorsbach zum Kaisertempel. Hier erwartet Sie nicht nur ein grandioser Blick auf Eppstein und seine Burg, sondern auch, wenn gewünscht, ein feiner Cappuccino auf der Terrasse des benachbarten Ristorante. Zum großen Teil über gut ausgebaute Wanderwege, teils aber auch über schmale Pfade führt der Weg über den Gipfel des Staufen und die Felsen am Großen Mannstein zurück nach Kelkheim.

Start/Ziel: Bahnhof Kelkheim, GPS N 50°08.241' E 008°26.864'

14,2 km

ca. 4 Std.

524 m/524 m

151-451 m

schwarzer Kreis, R 8, schwarzer Balken, gelber Balken

Einigen steile Passagen zwischen Lorsbach und Kaisertempel. Der Aufstieg zum Staufen und der Pfad zwischen Großem und Kleinem Mannstein sind recht anspruchsvoll. Ansonsten gut zu gehende Forststraßen, meist im Schatten

Waldgasthaus Gundelhard (km 2,3), Ristorante Kaisertempel (km 8,7), Gimbacher Hof (km 12,6)

Tische und Sitzbänke am Walterstein (km 6,1) und am Kleinen Mannstein (km 11)

Die Felsen im Naturschutzgebiet Walterstein sind nicht gesichert. ☺ Ponyreiten am Gimbacher Hof

Zwischen Lorsbach und dem Walterstein gibt es ein kurzes Teilstück, das als schmaler Pfad steil bergauf führt, ca. 250 m sind beschwerlich.

Gut geeignet. Nach Lorsbach gibt es eine gute Trink- und Badestelle. Die Landstraße befindet sich in unmittelbarer Nähe.

P In der Nähe des Bahnhofes finden sich in den Seitenstraßen genügend Parkmöglichkeiten. Am Gimbacher Hof (km 14, GPS N 50°08.086' E 008°25.979') kann die Tour alternativ gestartet werden.

RMV-Linie 804 Sulzbach – Kelkheim; Linie 263 Hofheim – Kelkheim; stündlich

Regionalbahn RB12, Frankfurt – Königstein

Am Bahnhof startend gehen Sie links über die Bahngleise und sofort wieder links in den kleinen Park, bis Sie nach wenigen Metern dem Schild „Zum Gimbacher Hof" rechts folgen. Sie überqueren die Straße und wandern nun links bergauf, gehen in die Gundelhardstraße und folgen dem Schild „Gaststätte Taunus-

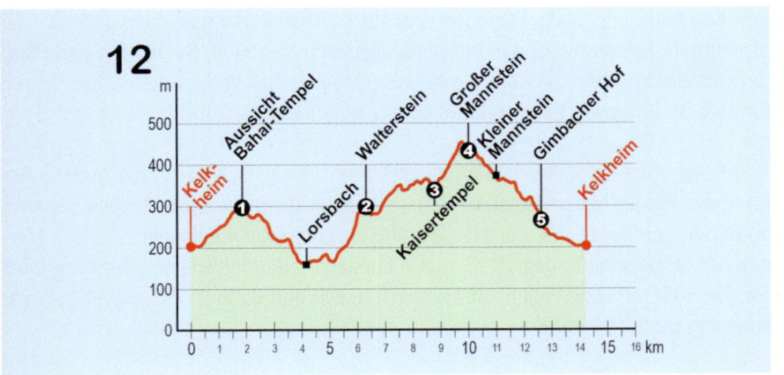

blick“. Nach ca. 1 km erreichen Sie den Waldrand und gehen geradeaus weiter Richtung Gundelhard.

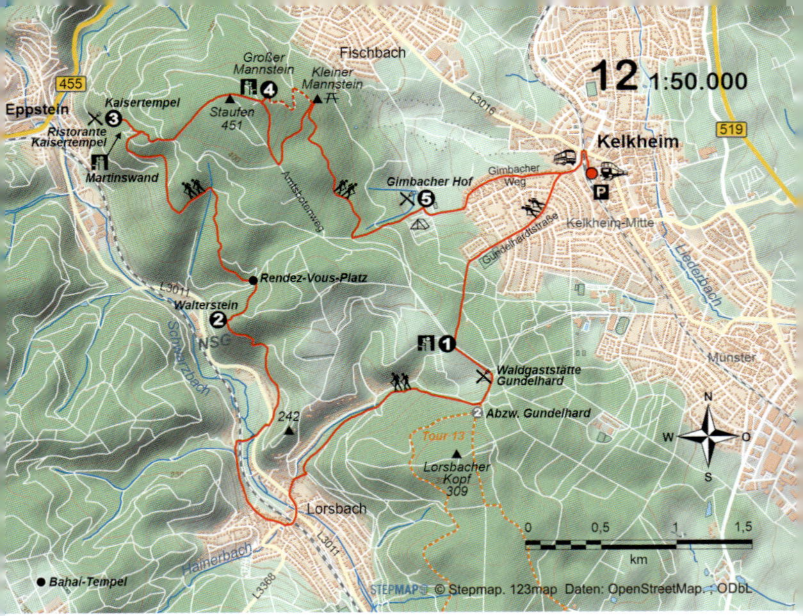

Ca. 300 m weiter verlassen Sie den asphaltierten Weg, der links abbiegt, und gehen geradeaus auf unmarkiertem Weg bergauf.

Auf der Anhöhe ❶ angelangt haben Sie einen wunderschönen Blick auf Lorsbach und den in der Ferne liegenden Bahaí-Tempel. Der Bahaí-Tempel in Langenhain-Hofheim ist der einzige in Europa.

Die Bahaí-Religion begründet sich auf das Wirken zweier charismatischer Persönlichkeiten im Iran des 19. Jh. Sayyid Ali Muhammad (1819-1850) strebte, ausgehend vom schiitischen Islam, soziale Reformen und eine bessere Stellung der Frau an. 1844 hatte er eine göttliche Offenbarung und gründete daraufhin eine eigenständige Religion, den Babismus. Die neue Religion war beim herrschenden Regime allerdings nicht gern gesehen. 1850 wurde Sayyid hingerichtet. Bahaúllah (1817-1892) trug Sayyids Gedanken weiter und gründete die Bahaí-Religion. Mittlerweile folgen ihr ca. 5 bis 8 Mio. Anhänger in der ganzen Welt. Es gibt auf jedem der sieben Kontinente je einen Bahaí-Tempel. Der Tempel für Europa steht in Hofheim am Taunus.

Am Kiesweg gehen Sie links bis zur Waldgaststätte Gundelhard.

Waldgaststätte Gundelhard, Münsterer Straße 65, 65719 Hofheim/Taunus, ☏ 061 92/90 06 07, www.waldgasthof-gundelhard.com, kontakt@waldgasthof-gundelhard.com Mi-Fr 17:00-22:00, Sa, So und Fei 11:00-22:00, Mo + Di Ruhetag, um Reservierung wird gebeten

An der Gaststätte wandern Sie geradeaus und folgen im leichten Rechtsbogen der Beschilderung nach Lorsbach. An der nächsten Weggabelung führen eine asphaltierte Fahrstraße und ein Pfad parallel nach Lorsbach. Sie wählen den Pfad, der mit einem schwarzen Kreis gekennzeichnet ist. Im Verlauf des Weges halten Sie sich an unmarkierten Wegkreuzungen immer rechts.

Dieser Pfad führt Sie immer parallel zum Hang nach Lorsbach hinein. Am Ende des Pfades halten Sie sich rechts. An der Münsterer Straße biegen Sie links ab und folgen ihr, bis Sie zur Hauptstraße Im Lorsbachtal gelangen. Ab hier können Sie der Beschilderung „R 8" durch Lorsbach hindurch folgen. Der Weg führt Sie über Bahnschienen nach Alt-Lorsbach hinein und dann an der alten Dorflinde vorbei in die Kirchstraße.

Am Ende von Lorsbach, am Haus Neueburgstraße 12, verlassen Sie den mit R 8 markierten Weg und biegen ohne Markierung rechts ab. Nach wenigen Metern führt Sie ein Tunnel unter der Bahn hindurch an den Schwarzbach. Hier findet sich eine für Hunde willkommene Trink- und Badestelle. Einige Stufen führen hinauf an die Landstraße L3011/Im Lorsbachtal und hier halten Sie sich links. Nach ein paar Metern müssen Sie die Landstraße überqueren, da der Wanderweg auf der gegenüberliegenden Seite weiterführt. Der Weg ist nun mit einem schwarzen Balken markiert und weist auf den Kaisertempel hin.

Am nächsten Abzweig gehen Sie geradeaus weiter, parallel zum Tal, und biegen nicht den Markierungen folgend rechts ab.

Nach ca. 10 m findet sich nun auch auf Ihrem Weg die Markierung „schwarzer Balken" wieder, der Sie ab jetzt folgen. Der naturbelassene Pfad schlängelt sich teilweise steil den Berg hinauf und führt Sie zu einem kleinen Naturschutzgebiet rund um den Walterstein ❷.

Der Walterstein gehört zur Lorsbacher Wand, einem ehemaligen Schiefersteinbruch, der als das älteste Extremkletterziel Südhessens gilt. Die ältesten Zeugnisse über Klettereien an der Lorsbacher Wand stammen aus den 1930ern. Die Lorsbacher Wand ist nach wie vor ein beliebtes Kletterziel für Könner. Durch das kompakte Gestein und die Steilheit des Felsens ergeben sich ca. 30 Kletterrouten im mittleren und oberen Schwierigkeitsgrad.

Aus Naturschutzgründen ist die Wand teilweise für Kletterer gesperrt. Um Wanderfalken eine Ansiedlung zu ermöglichen, sind die Kletterrouten in der Lorsbacher Wand in jedem Winter vom 1.12. bis 31.03. gesperrt. Sollten sich Falken einfinden und eine Brut beginnen, bleibt der Fels längstens bis Ende Juni gesperrt.

Sie folgen immer weiter der Markierung „schwarzer Balken" und biegen an der nächsten Forststraße links ab. Nach einiger Zeit erreichen Sie den Rendez-Vous-Platz.

Hier treffen insgesamt fünf Wege aus allen Richtungen aufeinander. Sie halten sich weiter auf dem mit dem schwarzen Balken markierten Weg, der sich, teilweise als schmaler Pfad, sanft bergauf schlängelt.

Schließlich erreichen Sie eine Weggabelung, an der Sie links abbiegen, und haben nach kurzer Zeit den Aussichtspunkt an der Martinswand erreicht. Hier ist dem Komponisten Felix Mendelssohn Bartholdy, der zwischen 1837 und 1847 immer mal wieder in Eppstein weilte, eine Gedenktafel gewidmet.

Nur ein kleines Stück davon entfernt befindet sich auch der Kaisertempel ❸. Hier bietet sich eine wunderbare Aussicht auf Eppstein und die umliegenden Ortschaften.

Der Kaisertempel ist ein klassizistischer Tempel, der 1892-1894 vom Eppsteiner Verschönerungsverein zu Ehren der deutschen Kaiser Wilhelm I. und Friedrich III. erbaut wurde. Schon von Weitem gut sichtbar thront der Kaisertempel über der Stadt Eppstein. Aufgrund seines herrlichen Panoramablickes erfreute er sich gleich nach seiner Eröffnung so großer Beliebtheit als Ausflugsziel, dass nur zwei Jahre später, im Jahr 1896, eine Gaststätte neben dem Kaisertempel gebaut wurde.

Ristorante Kaisertempel, Gimbacher Straße 13, 65817 Eppstein, ☏ 061 98/342 85, www.kaisertempel.de, ristorante@kaisertempel.de, Di-Sa 12:00-14:30 und 18:00-23:00, So 12:00-22:00, Mo Ruhetag

Nach einem möglichen Pizza-, Pasta- oder Cappuccino-Stopp gehen Sie auf demselben Weg über die Martinswand zurück und folgen ab jetzt der Markierung „gelber Balken".

Erst wandern Sie über einen Pfad, dann geht es rechts ab und ein kurzes Stück über einen Forstweg und dann gleich wieder links. Gehen Sie nun geradeaus und steil nach oben auf den etwas unscheinbaren Gipfel des Staufen. Hier haben Sie auf einer Höhe von 451 m den höchsten Punkt dieser Wanderung erreicht. Der Weg schlängelt sich nun bergab und nach kurzer Zeit haben Sie die Felsblöcke des Großen Mannsteins ❹ (km 10) erreicht.

Ein kurzer Abstecher zu der an den Felsblöcken gelegenen Aussichtskanzel belohnt Sie mit einer grandiosen Aussicht: Rechts liegen die Wolkenkratzertürme Frankfurts wie eine Stadt aus der Zukunft im fernen Dunst, linker Hand erkennt man den Gebäudekomplex Zauberberg von Ruppertshain, und rechts vorne liegt Kelkheim mit seinem Wahrzeichen, der Kirche St. Franziskus.

Am Großen Mannstein

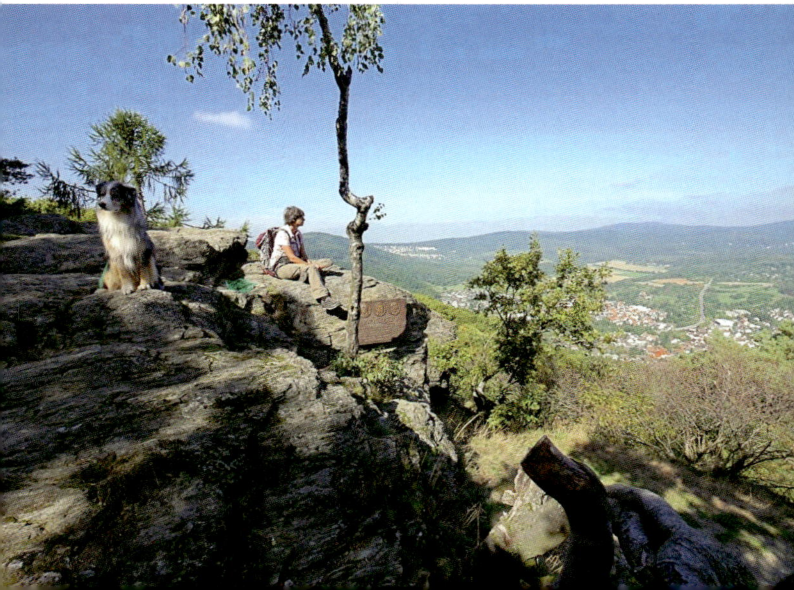

↬ Direkt an den Felsen führt links ein unmarkierter steiler Pfad nach unten, der nach kurzer Zeit an einen breiten Forstweg gelangt. Hier biegen Sie rechts ab. Diese Variante sollte allerdings nur bei guten Wetterverhältnissen und trockenem Boden gewählt werden. Bei Regen oder gar Schnee sollten Sie diesen steilen, rutschigen Weg meiden.

Die sichere Alternative führt über die mit einem gelben Balken markierte Forststraße. An der nächsten Wegkreuzung verlassen Sie die Markierung „gelber Balken" nach links und folgen nun der Markierung „schwarzes T" bis zum Kleinen Mannstein. Hier laden Tische und Bänke zu einer kleinen Rast ein (km 11).

Sie durchlaufen eine Spitzkehre und folgen dem Kleinen-Mannstein-Weg, der sich ohne Markierung sanft bergab schlängelt, bis Sie auf einen Weg stoßen, der mit einem schwarzen Balken markiert ist. Diesem engen Pfad folgen Sie bergab, bis Sie an den Landgasthof Gimbacher Hof ❺ gelangen.

✕ Gimbacher Hof, Gimbacher Weg, 65779 Kelkheim, ☏ 061 95/32 41, www.hof-gimbach.de, Mo-Fr ab 12:00, Sa und So ab 11:00, Mi Ruhetag

Ponyreiten am Gimbacher Hof, 01 78/160 20 71, www.hoppedihopp.de

Unweit vom Gimbacher Hof, nahe am Waldrand, befand sich die Johannes-Kapelle, die 1287 erstmals urkundlich erwähnt wurde und deren Ursprung im 7. Jh. liegt. Die Kapelle war im Mittelalter der einzige Wallfahrtsort in dieser Gegend und von nah und fern strömten fromme Pilger hierher, um den von Rom gewährten großen Ablass zu erhalten.

1764 wurde der Gimbacher Hof erbaut, 1784 erhielt er Schankrechte. So konnten die zahlreichen Pilger und Wallfahrer bestens bewirtet werden. Anfang des 19. Jh. verbot die Nassauische Landesregierung alle Wallfahrten, die Kapelle wurde auf Abbruch versteigert und verschwand auf diese Weise völlig. Einzig der Gimbacher Hof blieb.

Am zum Gimbacher Hof gehörenden Campingplatz folgen Sie der Beschilderung links in den Gimbacher Weg nach Kelkheim. Der mit dem schwarzen Balken markierte Weg führt Sie durch ein Wohngebiet und nach ca. 1 km haben Sie wieder den Bahnhof Kelkheim, den Ausgangspunkt und das Ziel dieser Wanderung, erreicht.

⑬ Hofheimer Kapellenberg

Tour für Familien und Genießer

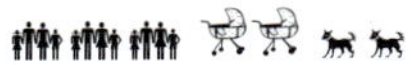

Schon in der Jungsteinzeit war der Hofheimer Kapellenberg besiedelt, was archäologische Funde aus dieser Zeit zeigen. Diese einfache Waldwanderung führt Sie auf meist breiten Forstwegen rund um den Kapellenberg. Unterwegs bieten sich mehrere Einkehrmöglichkeiten, Hinweistafeln geben Auskunft über die archäologischen Ausgrabungen, und zum Schluss können Sie noch einen grandiosen Ausblick vom Cohausen-Tempel ins Rhein-Main-Gebiet genießen.

- Start/Ziel: Bahnhof Hofheim, GPS N 50°05.120' E 008°26.612'
- 12,9 km
- ca. 4 Std.
- 345 m/345 m
- 140-290 m
- schwarzer Balken, roter Balken, gelber Balken
- meist breite, gut zu gehende Forstwege im Wald
- Waldgasthaus Gundelhard (km 5,9), Gaststätte Viehweide (km 7,8), Waldgaststätte Meisterturm (km 10,4)
- Rastplatz am Königsteiner Kreuz (km 9,7), Cohausen-Tempel (km 11,3)
- Geeignet. Am Gasthof Viehweide gibt es einen großen Spielplatz.
- Der Weg ist für Geländebuggys machbar, obwohl der Aufstieg zum Königstein Kreuz etwas steil ist.
- Trotz viel Betrieb durch Jogger und Mountainbiker ist hier relativ viel Wild unterwegs, ansonsten geeignet.
- Falls eine Einkehr geplant ist, gibt es Parkmöglichkeiten an der Waldgaststätte Viehweide. Bitte mit der Gaststätte vorher absprechen.
- Bahnhof Hofheim: S2 Frankfurt – Niedernhausen, alle 30 Min.

Sie verlassen das Bahnhofsgebäude und halten sich links in Richtung Autokreisel. Am Kreisel biegen Sie in die Straße In der Witz ab. Ab hier können Sie sich an der Markierung „schwarzer Balken" orientieren, die Sie erst durch die kleine Anliegerstraße, dann vorbei an Schrebergärten und über die Kapellenstraße zum Albertsweg ❶ führt.

Der Albertsweg ist im weiteren Verlauf mit einem schwarzen Balken markiert und führt Sie ohne nennenswerte Steigungen auf breiten Forstwegen zum Waldgasthof Gundelhard.

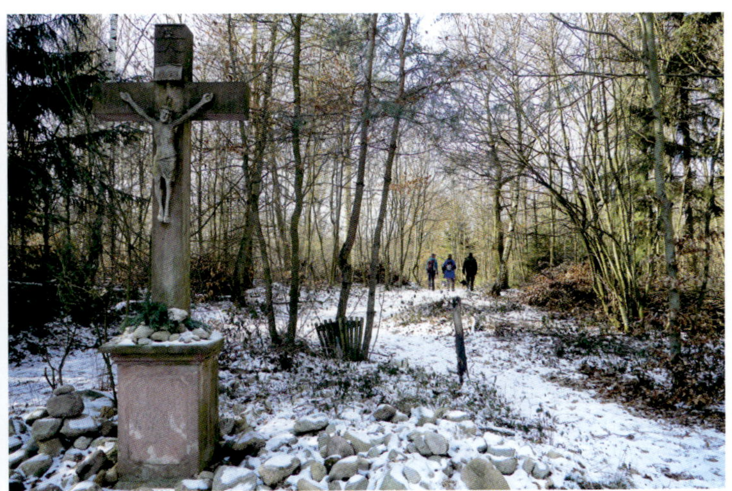

Königsteiner Kreuz

Unterwegs bieten sich Ihnen immer wieder schöne Blicke ins weite Lorsbachtal und vor allem im Herbst werden Sie eine wahre Freude an diesem besonderen Wald haben, der dann in vielen leuchtenden Farben erstrahlt. Nach ca. 5,7 km erreichen Sie eine Wegkreuzung ❷. Wenn Sie hier links abbiegen, haben Sie nach 250 m den hübschen Waldgasthof Gundelhard erreicht.

Waldgaststätte Gundelhard, Münsterer Straße 65, 65719 Hofheim/Taunus, ☏ 061 92/90 06 07, www.waldgasthof-gundelhard.com, Mi-Fr 17:00-22:00, Küche ab 17:30, Sa, So und Fei 11:00-22.00, Mo + Di Ruhetag, um Reservierung wird gebeten

Sie laufen zurück zu der Wegkreuzung ❷ und folgen hier geradeaus der Beschilderung zum „Meisterturm, Viehweide". Sie wandern ca. 650 m an der Hofheimer Langschneise entlang, die schnurgerade über den Rücken des Kapellenbergs verläuft. Dann biegen Sie links ab, in den Gimbacher Weg, der mit einem roten Balken markiert ist und Sie zum Gasthof Viehweide führt ❸.

Waldgaststätte Viehweide, Viehweide 1, 65719 Hofheim/Taunus, ☏ 061 92/990 90, www.viehweide.com, Di-So 11:30-21:30, Mo Ruhetag

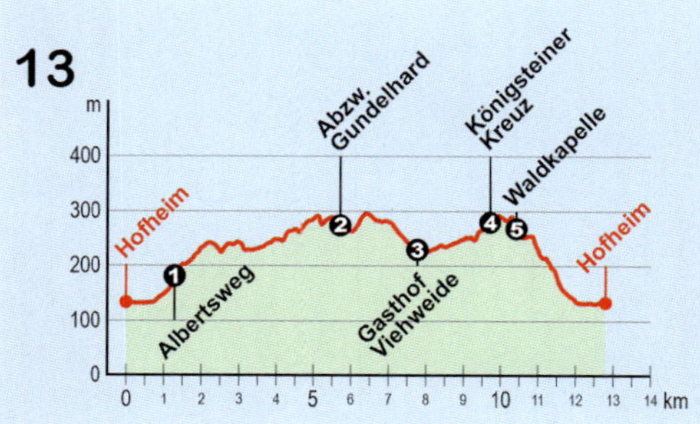

Kurz vor dem Gasthof Viehweide biegt der Weg mit dem roten Balken rechts ab, Sie folgen ihm. Ca. 1,6 km führt der Waldweg ohne Steigung parallel zum östlichen Hang des Kapellenbergs an der Staab-Schneise entlang. Dann verlassen Sie die Schneise und folgen ab jetzt dem Kreuzweg, der im spitzen Winkel rechts abbiegt und steil bergauf führt. Nach 250 m stoßen Sie auf dem Kreuzweg auf die erste Hinweistafel, die von den archäologischen Arbeiten am Kapellenberg berichtet.

Ende des 19. Jh. hat der leidenschaftliche Archäologe Karl August von Cohausen umfangreiche Ausgrabungen am Hofheimer Kapellenberg durchgeführt, die erstaunliche Erkenntnisse zutage brachten. Die ältesten Funde gehen auf die Jungsteinzeit zurück und keltische Ringwälle geben Zeugnis davon, dass sich hier einst eine Siedlung befand, in der bis zu 1.000 Menschen lebten. Es wurde reger Handel zwischen Nord und Süd betrieben, was der Fund einer Jadepfeilspitze aus der Alpenregion belegt. Zahlreiche Grabhügel wurden entdeckt, außerdem die Überreste eines römischen Wachturmes.

Am Wegrand werden Sie viele Hinweistafeln entdecken, die die Funde sehr anschaulich dokumentieren und erklären.

Sie bleiben weiter auf dem Kreuzweg, der geradeaus bergauf führt, und nach nur 100 m passieren Sie das Königsteiner Kreuz ❹ ⛩, das 1792 von Hofheimer Bürgern gestiftet wurde.

Nach weiteren 50 m haben Sie wieder die Langschneise erreicht, an der Sie links abbiegen. Ab jetzt folgen Sie der Markierung „gelber Balken".

✕ Waldgaststätte Meisterturm, Meisterturm 1, 65719 Hofheim/Taunus, ☏ 061 92/88 87, 💻 www.meisterturm.de, 🚪 Mi-Sa 16:00-22:00, So und Fei 12:00-18:00, Mo und Di Ruhetag

Hier befindet sich auch der Aussichtsturm Meisterturm (km 10,4).

Sie folgen weiter der Markierung „gelber Balken". Kurz nach dem Meisterturm erkennen Sie links durch die Bäume die Waldkapelle ❺, die dem Kapellenberg seinen Namen gab.

Im Jahr 1666 wütete im gesamten Rhein-Main-Gebiet eine furchtbare Pestepidemie. Die Einwohner von Hofheim, allen voran der rührige Pfarrer Gleidener, gelobten, am Hofheimer Waldberg eine Marienkapelle zu bauen, wenn Hofheim von der Pest verschont bliebe. Und tatsächlich hatte Hofheim im Gegensatz zu den umliegenden Ortschaften keine Pesttoten zu beklagen.

Noch im Juli 1666 begannen die Bautätigkeiten an der kleinen Waldkapelle, die zum großen Teil aus dem Privatvermögen von Pfarrer Gleidener, der aus einer wohlhabenden Familie stammte, finanziert wurden. Gegen Ende des Jahres 1667 war die Wallfahrtskapelle fertiggestellt. Sie zog von Anfang an eine so große Schar von Gläubigen und Pilgern an, dass im 18. Jh. anstelle der kleinen Fachwerkkapelle eine größere Kapelle aus Stein errichtet wurde.

Der Weg führt bergab und macht einen leichten Linksbogen. Hier biegen Sie rechts ab in den Waldweg, der weiter mit dem gelben Balken markiert ist.

Sie betreten einen zauberhaften Pinienwald – den wohl nördlichsten Pinienwald Europas – und fühlen sich sogleich in den sonnigen Süden versetzt.

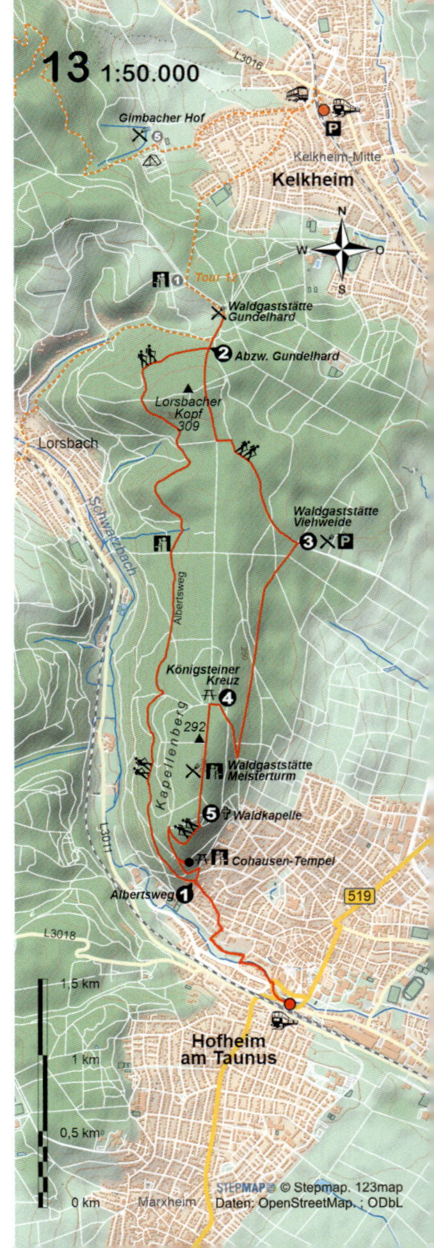

Im 19. Jh. wurde der damals sehr verbuschte Kapellenberg gerodet und neu aufgeforstet. Man wählte dafür hauptsächlich Eichen, Buchen und Lärchen. Einzig an der extrem trockenen und felsigen Südseite wählte man Pinien, eine Kiefernart, die im Mittelmeerraum beheimatet ist. Eine Stadtrechnung von 1878 belegt den Kauf von 11.500 jungen Pinienpflanzen.

Ob dieser Kauf beabsichtigt war oder aus Versehen geschah, ist nicht klar. Auf alle Fälle beschert er uns heute, nach fast 150 Jahren, einen Pinienwald, der einzigartig in dieser Gegend ist und das Gefühl von Urlaub im sonnigen Süden vermittelt.

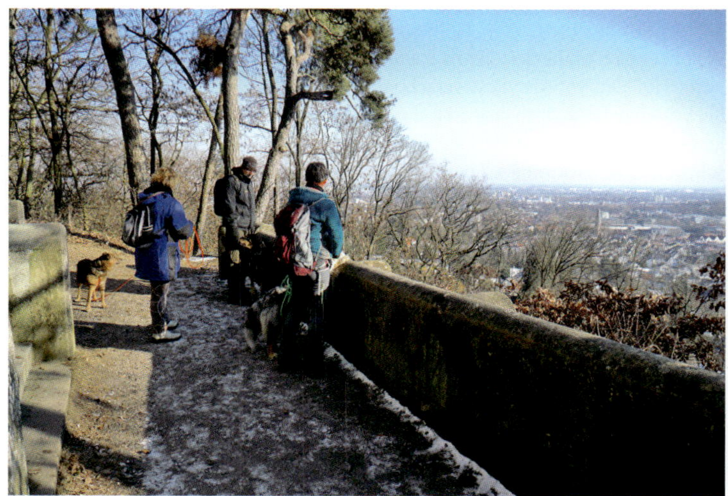

Blick vom Cohausen-Tempel

Pinien und knorrige Eichen begleiten Sie auf dem weiteren Weg, der mit einem gelben Balken markiert ist, und nach einer Spitzkehre nach links erreichen Sie eine Weggabelung. Der linke Weg bringt Sie zum Cohausen-Tempel (km 11,3) – ein absolut lohnenswerter Abstecher von 80 m.

Zurück an der bekannten Weggabelung folgen Sie dem Weg in einer Spitzkehre nach links bergab und kommen nach ca. 200 m an eine Schranke. Sie orientieren sich weiter an der Markierung „gelber Balken" und biegen nach 30 m rechts ab ins Wohngebiet. Nun gehen Sie ca. 100 m die Straße entlang und erreichen die Kreuzung Kapellenstraße, Albertsweg. Hier können Sie links abbiegen und auf bekanntem Weg der Markierung „schwarzer Balken" zum Bahnhof folgen.

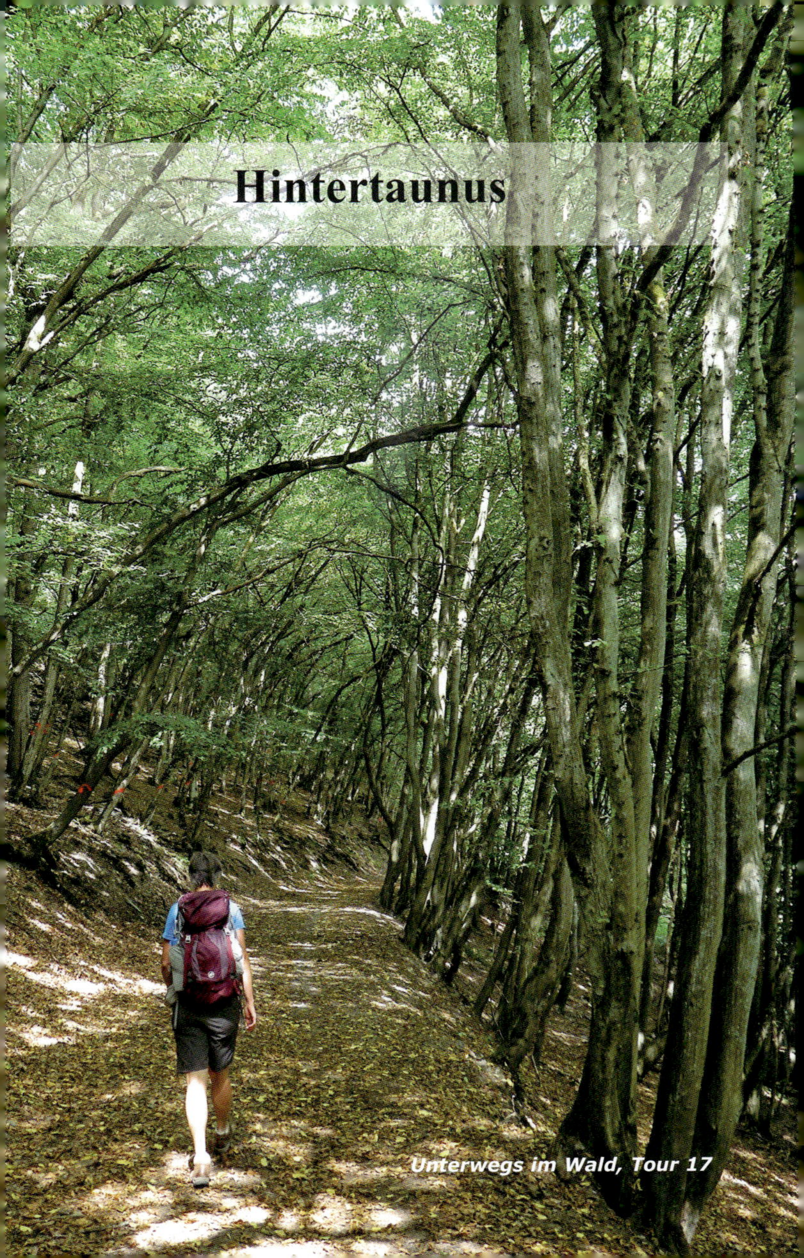
Hintertaunus
Unterwegs im Wald, Tour 17

⓮ Auf alten Handelswegen am Rheingauer Gebück entlang

Tour für geschichtsinteressierte Wanderfreunde 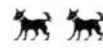

Diese anspruchsvolle 2-Tages-Wanderung führt Sie von Schlangenbad am Rheingauer Gebück entlang nach Lorch. Meist auf gut ausgebauten, breiten Forststraßen führt der Weg über historische Handelswege durch den Hintertaunus. Verschiedene Hinweistafeln erklären Ihnen die Bedeutung des Rheingauer Gebücks und seiner Verteidigungsanlagen. Einzig im wilden Wispertal ändert sich die Beschaffenheit des Weges: Zwischen der Kammerburg und Sauerthal wandern Sie über schmale, fast zugewachsene, abenteuerliche Pfade.

➔ Start: Parkplatz Hessenallee in Schlangenbad, GPS N 50°05.635‘ E 008°05.686‘; Ziel: Parkplatz Rheinuferstraße in Lorch, GPS N 50°02.604‘ E 007°48.134‘

1. Tag bis Kammerburg: 22,3 km, 2. Tag: 18 km

1. Tag: ca. 7 Std., 2. Tag: ca. 6 Std. 30 Min.

↑↓ 1. Tag: 450 m/650 m, 2. Tag: 750 m/850 m

⇧ 75-553 m

Rheingauer-Gebück-Wanderweg: zwei ineinander verhakte Bäume, teilweise fehlen Markierungen, es empfiehlt sich, die GPS-Daten zu nutzen.

Zum großen Teil verläuft der Weg auf breiten Forststraßen. Im wilden Wispertal (ca. 1,5 km vor der Kammerburg bis ca. 2 km nach Sauerthal) ist der Pfad schwer zugänglich und kaum zu erkennen, dieser Teil ist nur für trittsichere, erfahrene Wanderer empfehlenswert.

Pizzeria Zum Bürgerhaus (km 4,6), Restaurant Land-Art (km 27,7)

Mapper Schanze (km 9,3), Grillplatz Lorchhausen (km 36,9)

Zur Alten Villa (500 m von km 22,3), weitere Unterkünfte sind mit dem Bus/Taxi zu erreichen. Vom Forsthaus Weißenthurm aus empfiehlt sich eine Unterkunft in Rüdesheim. Wenn Sie den Wandertag an der Kammerburg beenden, fahren Sie am besten mit dem Bus nach Lorch.

Aufgrund der Länge ist die Tour für Kinder nicht empfehlenswert.

Aufgrund der Länge ist diese Tour für Buggys eher beschwerlich.

Für Hunde ist der Weg gut geeignet. Bitte genug Trinkwasser mitnehmen.

P am Start und am Ziel, Förster-Bitter-Eiche Parkplatz bei Hausen vor der Höhe (GPS N 50°04.706' E 008°02.661'), kleiner Wanderparkplatz am Forsthaus Weißenthurm (GPS N 50°03.519' E 008°54.527')

Am Landgrafenplatz, Schlangenbad, Linie 275 Hbf Wiesbaden – Schlangenbad, stündlich, am Wochenende alle 2 Std., Linie 183 Forsthaus Weißenthurm – Geisen-

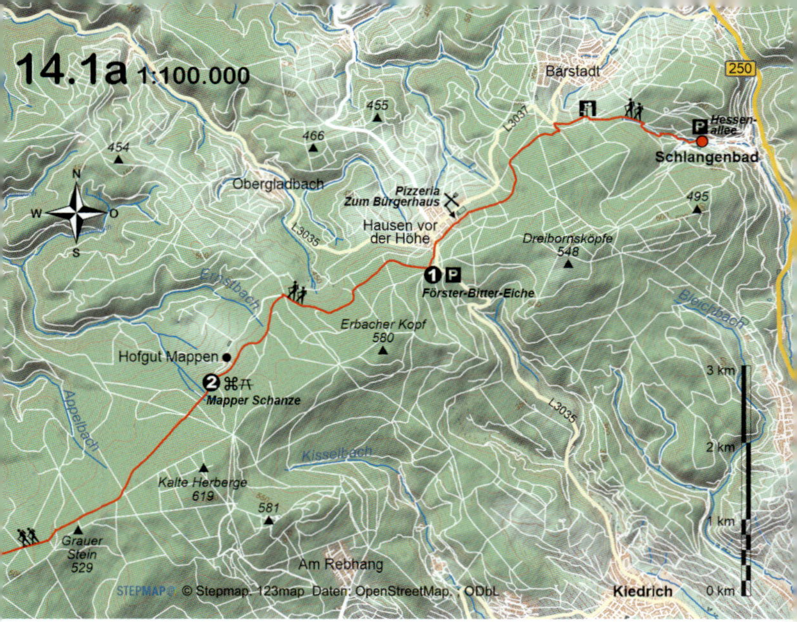

14.1a 1:100.000

Bärstadt
250
L3037
455
466
454
Hessen-allee
Schlangenbad
Obergladbach
Pizzeria Zum Bürgerhaus
495
L3035
Hausen vor der Höhe
Dreibornsköpfe 548
Ernstbach
1 P Förster-Bitter-Eiche
Bleichbach
Erbacher Kopf 580
Hofgut Mappen
2 Mapper Schanze
3 km
Appelbach
L3035
Kisselbach
2 km
Kalte Herberge 619
581
1 km
Grauer Stein 529
Am Rebhang
STEPMAP © Stepmap, 123map Daten: OpenStreetMap, ; ODbL
Kiedrich
0 km

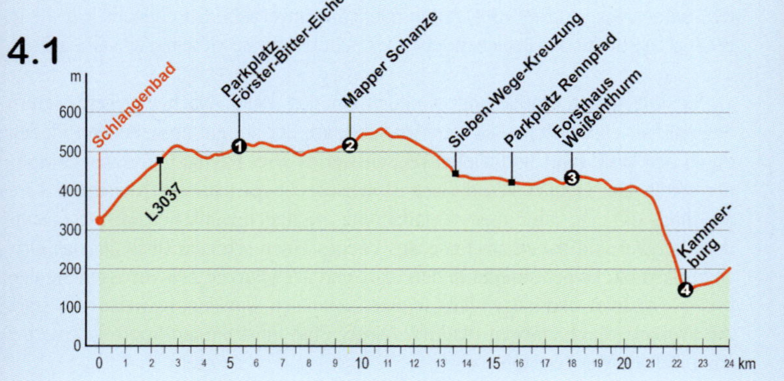

hein, ca. alle 2 Std., Linie 191 Kammerburg – Lorch. Nur Rufbus, ☏ 061 24/726 59 13, mindestens 90 Min. vorher anmelden, max. 8 Personen

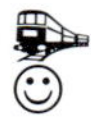

Bahnhof Lorch: SE 10 RheingauLinie FFM/Wiesbaden – Koblenz, alle 30 Min.

Mit den aufgeführten Verkehrsmitteln kommen Sie auch wieder vom Ziel zum Start zurück (über Wiesbaden), falls Sie Ihr Auto dort geparkt haben.

Der offizielle Startpunkt des Gebück-Wanderweges liegt in der historischen Altstadt von Walluf am Rhein. Von dort führt der Weg zunächst über längere Strecken durch Wohngebiete und an Fahrstraßen entlang. Deshalb empfiehlt es sich, diese 2-Tages-Tour in dem hübschen, mondän anmutenden Kurort Schlangenbad zu beginnen. Vorbei am prächtigen Parkhotel und an den Kolonnaden im Kurpark gelangen Sie am Ende der Hessenallee an einen Parkplatz. In den letzten Jahren sind hier einige neue Premiumwanderwege, wie z. B. die Wispertrails oder die Schlangenwege, entstanden und der Gebück-Wanderweg scheint etwas aus der Mode gekommen zu sein. Wer allerdings Ruhe sucht und lange, einsame Wanderungen nicht scheut, der findet hier einen schönen Weg, abseits der viel begangenen neuen Routen.

Im frühen Mittelalter war der Rheingau nicht nur eine Bezeichnung für eine Landschaft, wie wir sie heute kennen. Es war vielmehr ein eigener kleiner, recht unabhängiger Staat, der dem Erzbischof von Mainz unterstellt war und dessen Bewohner einige Privilegien und Freiheiten genossen. So gab es hier z. B. keine Leibeigenschaft. Dadurch und durch den Wein- und Obstanbau gelangten die Rheingauer Bürger zu Wohlstand, den es vor Raubrittern und fremden Heeren zu schützen galt. Im 13. Jh. begann man deshalb damit, die Grenze zu befestigen. Dafür wurden Bäume gepflanzt und, wenn sie eine bestimmte Größe erreicht hatten, umgeknickt und mit den Ästen miteinander verhakt. So entstand ein 40 m breiter, fast undurchdringlicher, lebender Schutzwall: das Rheingauer Gebück.

Sie folgen der Markierung „Gebück" in den Wald. Nach wenigen Metern beginnt hier ein hübscher, kleiner Waldlehrpfad, der auf gut zu gehenden Pfaden durch den Wald führt und allerlei Wissenswertes über Bäume und deren Bewohner verrät. Der Gebück-Wanderweg ist meist recht gut markiert. Manchmal wäre allerdings die eine oder andere Markierung zusätzlich wünschenswert. Sie wandern bergauf und haben am Ende des Waldes einen schönen Blick auf das Örtchen Bärstadt. Es geht wieder in den Wald und nach kurzer Zeit verlassen Sie den breiten Forstweg und biegen links in einen schmalen, dunklen, teilweise sehr stark mit Wurzeln durchzogenen Pfad ab. Dieser Pfad führt Sie am Sportplatz vorbei nach Hausen vor der Höhe.

↳ Im Wohngebiet direkt am Sportplatz, führt Sie die erste Straße rechts zur Einkehrmöglichkeit Pizzeria am Bürgerhaus (➲ 100 m).

✕ Pizzeria Zum Bürgerhaus, Neustraße 6, 65388 Schlangenbad, ☎ 061 29/537 93 94, www.pizzeria-zum-buergerhaus.de, Mo-Fr ab 17:00, Sa, So und Fei ab 11:30, Do Ruhetag

Ca. 400 m nach dem Ortsende von Hausen vor der Höhe erreichen Sie den Parkplatz Förster-Bitter-Eiche ❶ (km 5,3). Der Gebück-Wanderweg führt nun auf asphaltiertem Weg in Richtung Mapper Hof.

☝ Sie laufen nun ein Stück auf der Zufahrtsstraße zum Mapper Hof. Deshalb müssen Sie hier mit Autoverkehr rechnen.

Kurz vor dem Mapper Hof verlassen Sie die Fahrstraße und halten sich links auf dem Forstweg, der Sie geradewegs zur ⌘ ⩩ Mapper Schanze ❷ (km 9,3) führt.

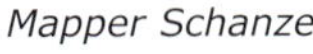

Mapper Schanze

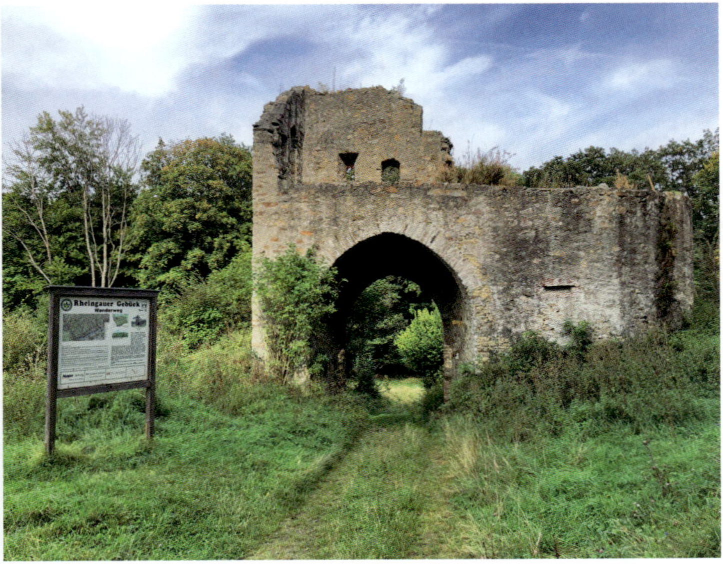

Im undurchdringlichen Gebück-Gestrüpp befanden sich auf den Haupthandelswegen sogenannte Schanzen oder Bollwerke. In diesen teils mächtigen Bauwerken gab es große, bewachte Tore, durch die die Handelswaren transportiert wurden. Im Falle eines Angriffs konnten diese Tore schnell geschlossen und der Angriff somit abgewehrt werden. Die Mapper Schanze ist das einzige erhaltene Bollwerk des Rheingauer Gebücks.

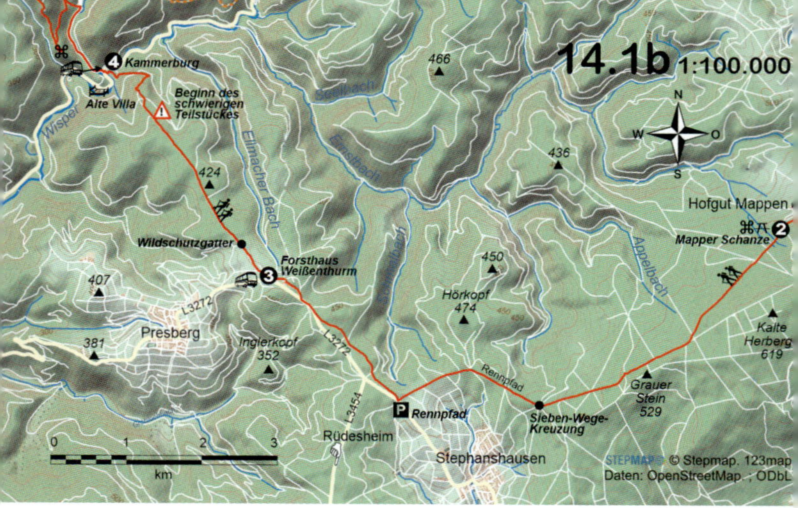

Ohne große Schwierigkeiten setzen Sie Ihren Weg fort, der Sie auf breiten Waldwegen entlang des sogenannten Rennpfades führt. Der Rennpfad ist ein uralter Handels- und Fernreiseweg, der wohl schon um 500 v. Chr. die Keltensiedlungen bei Trier mit denen in der Wetterau verband.

Vorbei an der Sieben-Wege-Kreuzung und dem Parkplatz am Rennweg erreichen Sie nach insgesamt ca. 18 km das Forsthaus Weißenthurm ❸.

Kurz vor dem ehemaligen Gasthaus führt der Weg für ca. 200 m direkt an der Straße entlang.

☺ Sie können auch hier Ihren Wandertag beenden und sich vom Taxi oder dem Bus nach Rüdesheim in eines der zahlreichen Hotels bringen lassen.

Linie 183 nach Geisenheim, ca. alle 2 Std.

Mietwagen Singh, für Fahrten nach Rüdesheim, Großraumtaxi bis 8 Personen, ☎ 067 22/40 65 15, 01 76/62 00 37 68, Preis: Weißenthurm – Rüdesheim ca. € 45

Der weitere Weg zur Kammerburg ist nur für erfahrene und trittsichere Wanderer empfehlenswert.

Hotel Zum Bären, Schmidtstraße 31, 65385 Rüdesheim, ☎ 067 22/902 50, www.zumbaeren.de, DZ ab € 110, EZ ab € 99, € 10

Hotel Lindenwirt, Amselstraße 4, 65385 Rüdesheim, ☏ 067 22/91 30, www.lindenwirt.com, DZ ab € 119, EZ ab € 89, € 7,50, ☺ Übernachten im Weinfass ab € 119

Sie folgen weiter der Markierung „Gebück", die Sie über offene Wiesen mit weitem Blick über die Hochebene von Presberg führt. Am Waldrand angelangt treten Sie geradeaus durch ein Wildschutzgatter in den Wald.

Ca. 2,3 km nach dem Wildschutzgatter verlässt der markierte Weg die breite Forststraße und führt geradeaus über einen Wiesenweg. Anfangs noch gut zu gehen, wird der Weg immer anspruchsvoller und steiler. Der schmale Pfad, der den steilen Hang ins Wispertal hinabführt, verlangt ein gutes Maß an Trittsicherheit und sollte nur von geübten Wanderern gewagt werden.

Bei Nässe Rutschgefahr!

Sie erreichen die Kammerburg ❹.

500 m entlang des Weges nach links erreichen Sie eine Unterkunft.

Alte Villa, Im Wispertal 10, 65391 Lorch, ☏ 067 26/12 62 www.alte-villa.net, Vermietung von privat, Reservierung unbedingt notwendig, Übernachtung € 30 plus Frühstück € 12 p. P., willkommen, Ostern bis Weihnachten So 14:00-18:00

Mit dem Bus erreichen Sie weitere Unterkünfte in Lorch.

RTV-Bus Linie 191, Lorch – Espenschied, alle 2 Std., Rufbus: ☏ 061 24/726 59-13

Gästehaus Weingut Rößler, Rheinstraße 20, 65391 Lorch, ☏ 067 26/16 58, www.weingut-roessler.de, DZ inkl. Frühstück ab € 65, Hol- und Bringservice nach Absprache möglich

♦ Hotel im Schulhaus, Schwalbacher Straße 41, 65391 Lorch, ☏ 067 26/80 71 60, www.hotel-im-schulhaus.com, DZ ab € 95, Die Bus-Linie 191 fährt auch nach Lorch zum Hotel im Schulhaus.

Nach der Kammerburg führt der Gebück-Wanderweg ca. 1 km an der nicht sehr stark befahrenen Straße in Richtung „Wollmerschied, Lipporn" entlang. Dann zweigt er links ab und führt erst gemäßigt, dann immer wilder über schmale, teilweise sehr stark verwachsene Pfade.

Wer keine schmerzhaften Begegnungen mit Brombeerranken oder Brennnesseln erleben möchte, der sollte eine lange Hose tragen.

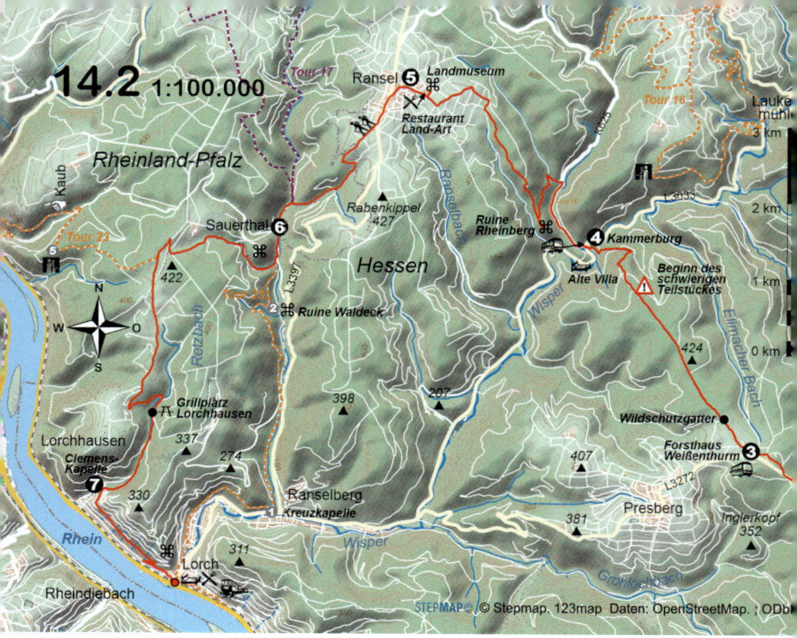

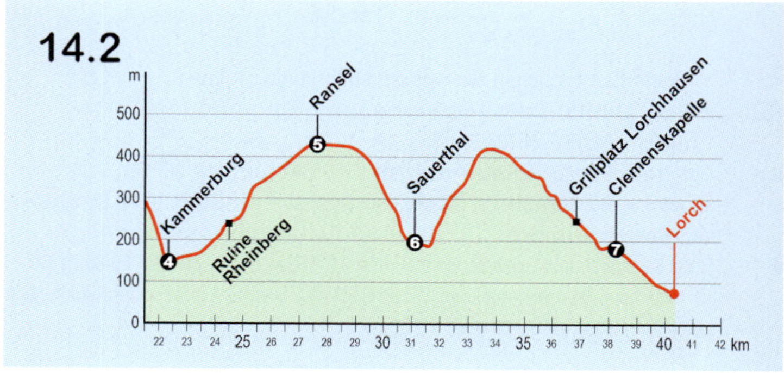

Der abenteuerliche Pfad führt sehr nahe an die verwunschen im Wald liegende ⌘ Ruine Rheinberg (km 24,5) heran. Sie ist allerdings schwer zugänglich, nur über schmale, sehr steile und abschüssige Pfade zu erreichen. Die Ruine befindet sich in Privatbesitz, erhaltende Maßnahmen werden nicht durchgeführt.

 Die Anlage ist einsturzgefährdet.

Dieser schwierige Abschnitt führt etwa 3 km über Wege, die kaum bessere Wildtierpfade sind. Danach erreichen Sie das auf einer Hochebene liegende Örtchen Ransel ❺.

⌘ Landmuseum mit Ausstellungen zu Land- und Forstwirtschaft, Weinbau u. v. m, Kirchstraße 34a, 65391 Lorch/Ransel, ☏ 067 26/20 88, 💻 www.flk-ransel.de, 🚪 keine festen Öffnungszeiten, es ist aber fast immer ein Ansprechpartner vor Ort, ☺ Brauerei und Backstube, Verkauf von frischem Museumsbrot: Fr 14:30-18:00

✕ Restaurant Land-Art, Kirchstraße 34, 65391 Lorch/Ransel, 📱 01 76/70 63 68 18, 💻 www.landart-ransel.de, 🚪 Mai-Okt Do-So 11:30-20:30, Nov-April Fr-So 11:30-20:30, ✋ Gruppen bitte vorab reservieren

Sie wandern durch Ransel, über die Kirchstraße in die Taunusstraße. Kurz vor dem ehemaligen Rheingauer Berghof biegt der gut markierte Weg rechts ab. Der gut zu gehende Naturpfad schlängelt sich leicht bergab nach Sauerthal ❻. In Sauerthal biegen Sie links ab und folgen der Tiefenbachstraße durch den kompletten Ort hindurch, bis Sie an den Friedhof gelangen.

Unterwegs Richtung Lorchhausen

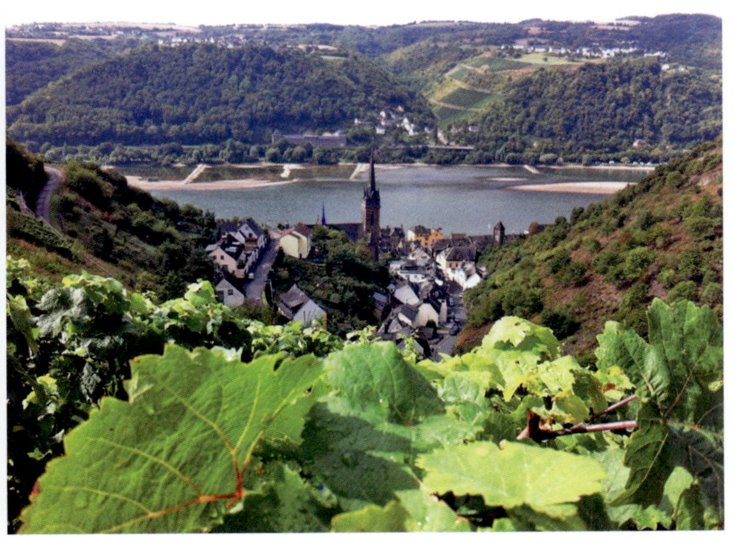

An einer Infotafel zum Gebück gehen Sie geradeaus und biegen dann gleich rechts ab. Der Waldweg führt leicht bergauf und Sie umrunden die Sauerburg, die Sie rechts von Ihnen erahnen können. Die Burg, die sich in Privatbesitz befindet und bis vor ein paar Jahren noch als Hotel genutzt wurde, liegt allerdings so verborgen im Wald, dass Sie sie kaum richtig sehen werden.

Sie verlassen den Wald und wandern nun auf breiten Feldwegen hinab nach Lorchhausen. Dabei passieren Sie einige Aussiedlerhöfe und Wochenendgrundstücke und erreichen erst einen kleinen Rastplatz mit Brunnen und ca. 100 m weiter den Grillplatz Lorchhausen (km 36,9), an dem sich zahlreiche Tische und Bänke befinden.

Nach weiteren 1,3 km halten Sie sich links. Hier gesellt sich der Rheinsteig zum Gebück-Wanderweg, aber schon nach kurzer Zeit verabschiedet sich der Rheinsteig wieder in Richtung Ruine Nollig und Sie bleiben auf dem Gebück-Weg.

Auf dem Weg sind Weideroste eingelassen. Hundebesitzer können das Gatter links des Weges benutzen.

Clemenskapelle

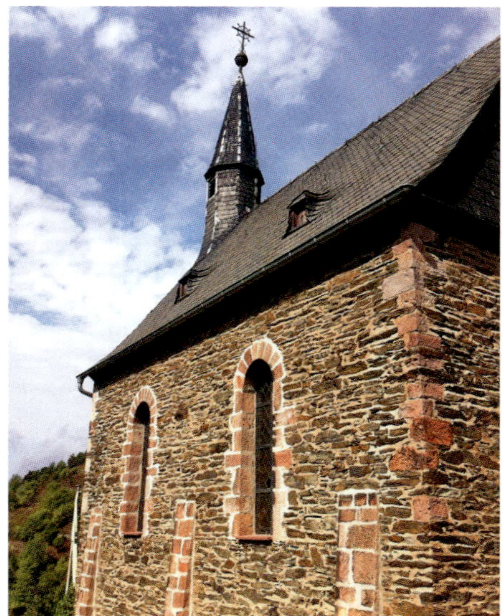

Sie erreichen die Clemenskapelle ❼ und ab jetzt begleitet Sie der wunderbare Panoramablick gen Rhein auf Ihrem weiteren Weg durch die Weinberge bis Lorch.

In Lorch biegen Sie links ab in die Jahnstraße. Diese bringt Sie zur Hauptverkehrsstraße, die Sie überqueren, und in die Rheinuferstraße. Direkt neben dem Imbiss Wispergrill liegt die letzte Hinweistafel zum Gebück und hier endet auch der offizielle Gebück-Wanderweg.

Wenn Sie der Rheinuferstraße noch ca. 650 m folgen, erreichen Sie den Bahnhof von Lorch.

⑮ Entlang der Wisper

Tour für Naturliebhaber

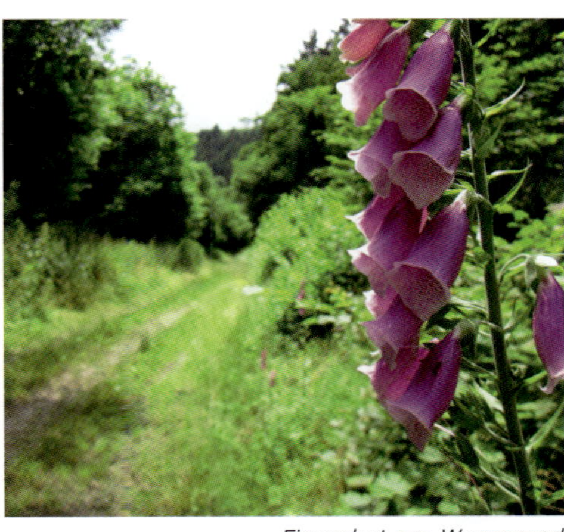
Fingerhut am Wegesrand

Diese Rundwanderung entlang der Wisper bietet viele Variationsmöglichkeiten. Meist durch schattigen Wald führen die breiten, gut markierten Wanderwege ohne große Höhenunterschiede bis zum Hexenmüllerplatz. Hier können Sie entscheiden, ob Sie die Wanderung gemütlich angehen und entlang der Wisper zurück zum Ausgangspunkt wandern oder ob Sie dem Wisper Trail „Wisper Geflüster" über aussichtsreiche Höhen folgen, was etwas anspruchsvoller ist, aber herrliche Ausblicke in die Weiten des Rheingaugebirges bietet.

Start/Ziel: Wanderparkplatz Kleine Wisper, GPS N 50°07.084' E 007°57.776'

13,2 km (5 km)

ca. 4 Std. 30 Min. (1 Std. 30 Min.)

340 m/340 m (150 m/150 m)

240-460 m

roter Pilz, blaue Libelle, Wisper Trai

Der Weg entlang der Wisper führt über meist schattige, breite Wege. Der Wisper Trail bietet grandiose Ausblicke, allerdings mit teils steilen Anstiegen. Die Netzabdeckung ist im tiefen Wispertal noch etwas spärlich. Am besten laden Sie die GPX-Daten vor der Wanderung herunter und stellen sicher, dass sie auch im Offline-Modus verfügbar sind.

Gasthaus Hexenmühle (km 7,5)

Rastplatz Hexenmüllerplatz (km 2,5), Bank mit Aussicht (km 5,3 und km 5,5), Wispersee (km 8,5)

Am Bach gibt es für Kinder viel zu entdecken.

Die Wege am Bach entlang sind für Buggys geeignet, der Abstecher über die Höhe weniger.

Gut geeignet. Der Wispersee ist ein Angelgewässer, bitte Rücksicht nehmen.

am Start/Ziel und am Wispersee, GPS N 50°08.937' E 007°57.946'

Leider ist der Startpunkt mit öffentlichen Verkehrsmitteln nicht zu erreichen.

Der Wanderparkplatz Kleine Wisper liegt an der L3033 zwischen Bad Schwalbach und dem Wispertal, direkt am Abzweig nach Dickschied. Hier können Sie den Spaziergang entlang der plätschernden Wisper beginnen. Am Parkplatz orientieren Sie sich an der Markierung „roter Pilz“ und gehen an der Schranke vorbei auf den Wanderweg. Nach ca. 400 m führt ein schmaler Pfad nach rechts zum Bachlauf, an dem sich Hunde erfrischen und Kinder auf Entdeckungstour gehen können.

Wieder auf dem Weg folgen Sie weiter dem roten Pilz. Je nach Wetterlage kann der Weg an manchen Stellen etwas matschig sein, aber meistens ist er sehr gut zu gehen. Nach ca. 600 m passieren Sie eine Quelle ❶, die links entspringt, und nach weiteren 600 m führt ein schmaler Pfad nach rechts unten zu einer Brücke über die Wisper – erneut ein hübscher Erfrischungsplatz für Hunde und Kinder. Ob Sie nun im weiteren Verlauf den Weg links oder rechts der Wisper wählen, bleibt Ihnen überlassen.

Auf beiden Wegen haben Sie nach weiteren 1,2 km den Hexenmüllerplatz ❷ erreicht.

Der Rastplatz Hexenmüllerplatz (km 2,5) lädt mit seiner recht großen Hütte zu einer kleinen Verschnaufpause ein und Sie können sich hier in Ruhe überlegen, wie Sie weitergehen möchten:

Sie können dem Weg links oder rechts entlang der Wisper folgend zurückgehen und haben nach 2,5 km wieder den Parkplatz Kleine Wisper erreicht.

Am Hexenmüllerplatz finden Sie eine Infotafel zu dem neu angelegten Wisper Trail „Wisper Geflüster“. Ab hier können Sie der Beschilderung „blaues W“, die diesen Wisper Trail markiert, folgen.

Auf meist breiten Wegen wandern Sie an der kleinen Ortschaft Springen vorbei und später führt der Weg über sonnige, freie Felder zu einem Rastplatz mit Bank und herrlicher Aussicht ❸.

Sollte diese Bank besetzt sein, wandern Sie einfach ca. 200 m weiter zum Waldrand und genießen Ihre Pause an der Bank, die hier steht und ein ebenso perfektes Panorama bietet.

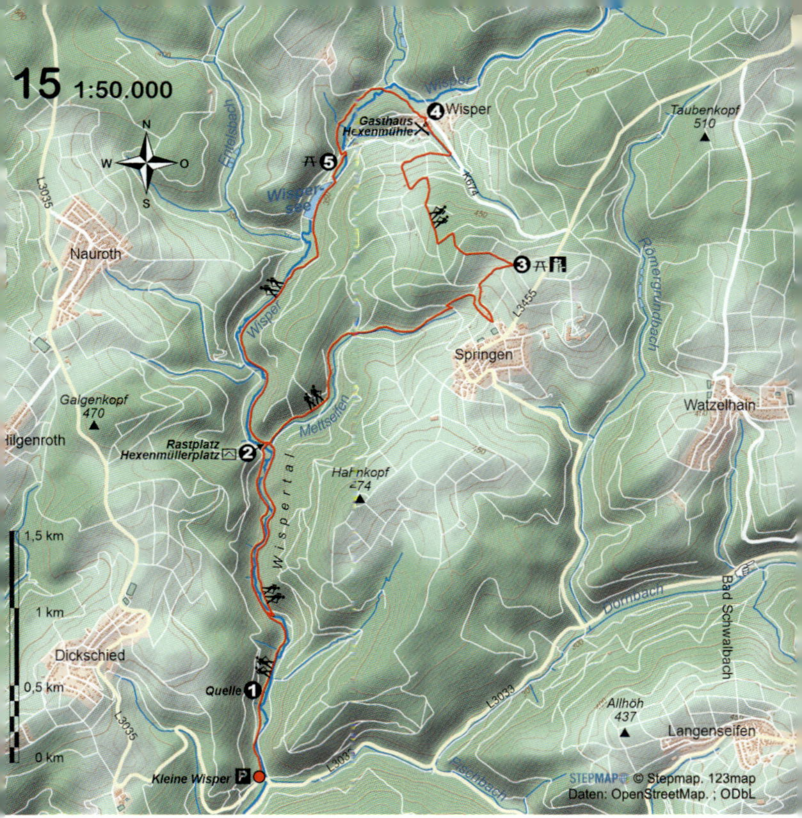

Bestens markiert führt Sie der Wisper Trail durch eine Landschaft, die an Schweizer Almen erinnert. Es würde kaum jemanden wundern, würden plötzlich eine blondbezopfte Heidi und der Geisen-Peter barfuß um die Ecke flitzen.

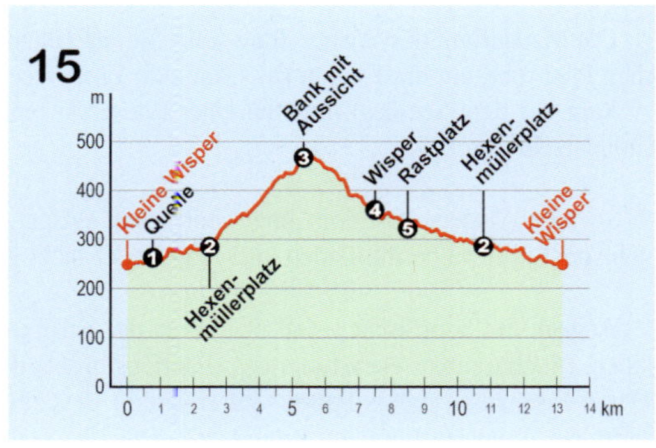

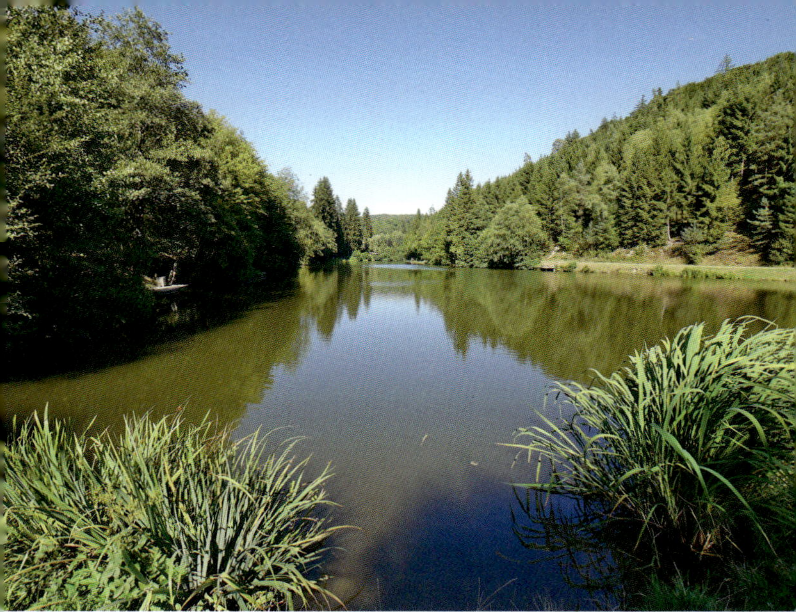

Am Wispersee

Das „Wisper Geflüster" bringt Sie in den kleinen Ort Wisper ❹ (km 7,5), wo sich Ihnen eine nette Einkehrmöglichkeit bietet.

✕ Gasthaus Hexenmühle, Zum Wiesental 18, 65321 Heidenrod/Wisper, ☏ 061 24/726 86 50, Mi und Do ab 15:00, Küche ab 17:30, Fr-So ab 11:00, Mo und Di Ruhetag

Die Markierung des Wisper Trails führt Sie auf einem schmalen, abenteuerlichen Pfad rund um das Dorf in ca. 1 km zum Wispersee.

Kurz vor dem See liegt links auf einer Wiese ein recht großer Rast- und Grillplatz ❺ (km 8,5).

Der Wispersee ist vom Angelsportverein Wisper gepachtet und befindet sich somit in Privatbesitz. Baden im See ist leider nicht gestattet.

Angeln und Sportfischen sind wohl zwei der beliebtesten Hobbys der Deutschen. (Auch wenn es ein schwieriges Unterfangen sein dürfte, einem Nicht-Angler die Faszination dieses Sportes zu erklären.) Besonders unter jungen Leuten findet der Angelsport in den letzten Jahren einen enormen Zuspruch.

Vielleicht liegt es daran, dass man sich beim Angeln wieder ein bisschen wie ein „Jäger" fühlen und so die in der heutigen Zivilisation kaum noch gebrauchten Urinstinkte befriedigen kann. Vor allem suchen die meisten der Hobbyangler aber ein intensives Naturerlebnis und freuen sich über die Entspannung, die Freiheit und die neue Energie, die ihnen der Angelsport gibt.

Um in Deutschland angeln zu dürfen, muss man die Fischerprüfung bestanden haben und braucht einen staatlichen Fischereischein sowie einen Fischerei-Erlaubnisschein des Besitzers oder Pächters des Gewässers, in dem man zu angeln gedenkt.

Sie laufen über die große Wiese bis zum See und wandern dann am See entlang, der rechts von Ihnen liegt. Sie folgen weiter dem Weg geradeaus. Die Wisper liegt rechts von Ihnen und Sie wandern auf breiten, gut zu gehenden Wanderwegen am Bach entlang. Gesäumt von Fingerhut und verschiedenen Farnen bringt Sie der Weg wieder zum Rastplatz Hexenmühle.

Ab hier können Sie, je nach Lust und Laune, links oder rechts der Wisper zurück zum Parkplatz Kleine Wisper laufen.

Spaß auf dem Weg

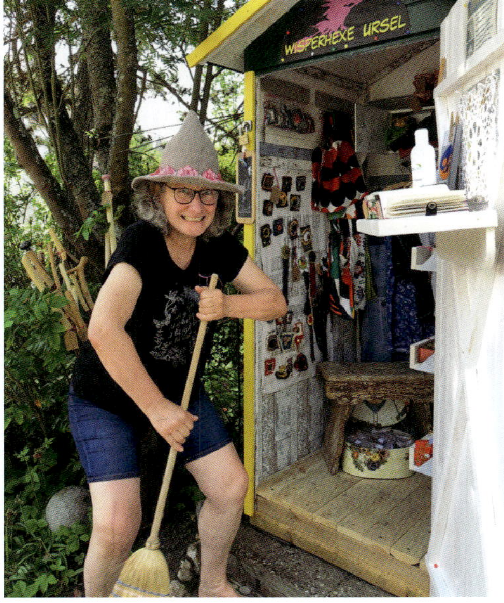

16 Der Wispertalsteig

Geschichtsträchtige Tour für Naturliebhaber 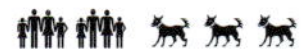

Der Wispertalsteig verspricht Ruhe und Beschaulichkeit. Mit traumhaften Ausblicken über die zerklüftete Mittelgebirgslandschaft wandern Sie von der Laukenmühle über breite Wanderwege durch das Sauerborntal zum heilklimatischen Luftkurort Espenschied. Mit Kindern können Sie auch die kürzere Variante nach Espenschied wählen. Nach einer wohlverdienten Pause führt Sie ein teils schmaler Pfad dann am Bach entlang zurück zur Laukenmühle.

Start/Ziel: Naturparkplatz Wispertalsteig, GPS N 50°05.952‘ E 007°54.633’

14,2 km

ca. 5 Std.

533 m/ 533 m

167-438 m

Wispertalsteig (stilisiertes weißes W auf blauem Grund)

Premiumwanderweg mit teils engen, steilen Naturpfaden im Wald. Rund um Espenschied freie Felder mit wenig Schatten. Vor dem Werkerbrunnen führt ein enger, steiler Schieferpfad nach unten; von Espenschied zur Laukenmühle führt ein schmaler, nach Regen manchmal etwas rutschiger Weg.

Gasthaus Zur Linde (km 11), Gasthaus Dorfschänke (ca. 70 m vom km 11 entfernt)

Blick zur Ruine Lauksburg (km 0,6), Aussichtspunkt mit Bank (km 2,8), Bank bei Espenschied (km 9,6)

Auf Grund der Länge nur für ältere Kinder geeignet. Am Ortsausgang von Espenschied befindet sich ein großer Spielplatz.

für Buggys nicht empfehlenswert

für Hunde ideal

P Direkt am Einstieg des Wispertalsteigs gibt es einen Naturparkplatz mit ca. 5 Stellplätzen, der Parkplatz der ehemaligen Gaststätte Laukenmühle ist in Privatbesitz.
Alternativer Startpunkt: Wanderparkplatz in Espenschied, Hauptstraße 24,
GPS N 50°06,791’ E 007°54,372’

Linie 275 ab Bad Schwalbach ca. alle 2 Std., Linie 191 ab Lorch nur als Rufbus, bitte 90 Min. vorher bestellen unter ☎ 061 24/726 59 13, der Rufbus hat nur 8 Fahrgastplätze.

Am Parkplatz der Laukenmühle erinnert ein Schild an ein historisches Kuriosum: den Freistaat Flaschenhals.

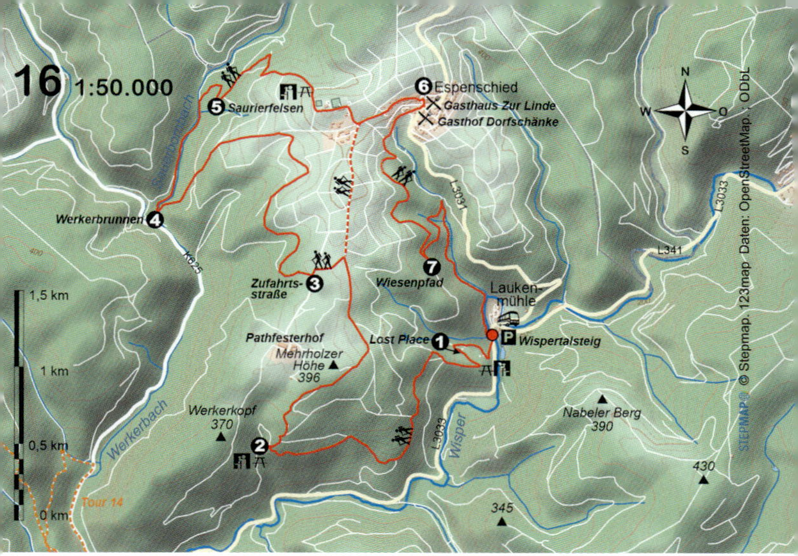

16 1:50.000

Saurierfelsen
Espenschied
Gasthaus Zur Linde
Gasthof Dorfschänke
Werkerbrunnen
Zufahrts-straße
Wiesenpfad
Lauken-mühle
Pathfesterhof
Lost Place
Wispertalsteig
Mehrholzer Höhe 396
Werkerkopf 370
Nabeler Berg 390
430
345
Werkerbach
Wisper
Tour 14
L3031
L3033
L341
K625
1,5 km
1 km
0,5 km
0 km
N
W
O
S
© Stepmap. 123map. Daten: OpenStreetMap, ODbL

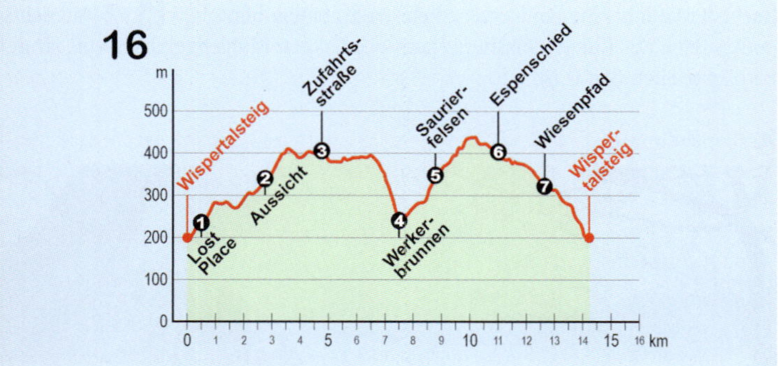

Nach den Wirren des Ersten Weltkrieges sollten alliierte Truppen im Jahr 1919 verhindern, dass Deutschland die Bodenschätze und Industrieanlagen des Rheinlandes nutzte, um wieder aufzurüsten. Deshalb wurde am grünen Tisch beschlossen, mit dem Zirkel einen Halbkreis mit einem Radius von 30 km um die wichtigen Rheinstädte Koblenz und Mainz zu schlagen und die Gebiete innerhalb des Kreises den Amerikanern bzw. den Franzosen zuzusprechen. Keinem fiel dabei auf, dass sich die Gebiete nicht überlappten, sondern bei Kaub und Lorch ein Stück Niemandsland übrig blieb, das die Form eines Flaschenhalses hatte.

Die Einwohner reagierten gelassen, gründeten den Freistaat Flaschenhals und druckten sogar ihr eigenes Geld, auf dem stand: „Nirgends ist es schöner als im Freistaat Flaschenhals." Allerdings hatte das Leben im Freistaat auch Tücken: Abgeschnitten vom Rest der Welt blühte der Schmuggel und geschmuggelt wurde alles: Kohle, Informationen, Lebensmittel, Wein und sogar lebendige Rinder. Man durfte sich nur nicht erwischen lassen. Am 25. Februar 1923 endete dieses Kuriosum der deutschen Geschichte mit dem Einmarsch französischer Hilfstruppen.

Sie starten am Naturparkplatz und gehen unter einem steinernen Torbogen hindurch auf den Weg, der mit dem Zeichen „Wispertalsteig" und der Markierung „Eichhorn" gekennzeichnet ist. Der Torbogen, mit der geheimnisvollen Inschrift RAD 5/257, gehört zum Gelände des ehemaligen Reichsarbeitsdienstes-Abteilung 5/257, wo zwischen 1935 und 1945 junge Menschen diszipliniert werden sollten und ihnen die nationalsozialistische Ideologie eingehämmert wurde. Nach ca. 400 m erreichen Sie diesen Lost Place. Versteckt unter Laub und Gestrüpp sind die Überreste der Gebäude, Fundamente und Treppen zu erkennen ❶.

Sie folgen weiter der Beschilderung des Wispertalsteiges und in der nächsten Rechtskurve führt Sie ein kleiner Stichweg zu einem hübschen Aussichtspunkt, Blick zur Ruine Lauksburg, zum ehemaligen Mühlengebäude und zu den Forellenteichen (km 0,6).

Rast mit Ausblick

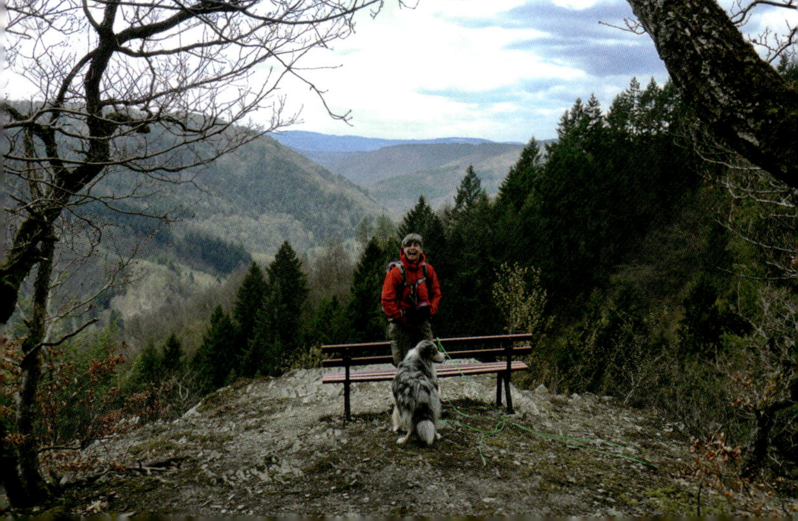

Der breite Weg führt Sie sanft bergauf und am nächsten Abzweig biegen Sie links ab. Der gesamte Wispertalsteig ist sehr gut markiert. Manchmal ist das Symbol mit Farbe auf Bäume gemalt, manchmal erfüllen lamirierte Plastikkärtchen diesen Zweck, aber generell ist der Weg sehr einfach zu finden.

Der Weg führt durch wunderschönen, abwechslungsreichen Wald, erst auf einem breiten Forstweg, später über einen schmalen, mit Natursteinen befestigten Pfad, der an einen Schmugglerpfad erinnert.

Auf einer mit Moosen und Flechten bewachsenen Aussichtskanzel steht eine Bank ❷ (km 2,8). Sie haben hier einen wunderbaren Blick bis zum jenseitigen Rheinufer, an dem Sie die Höhenzüge des Soonwaldes erkennen können.

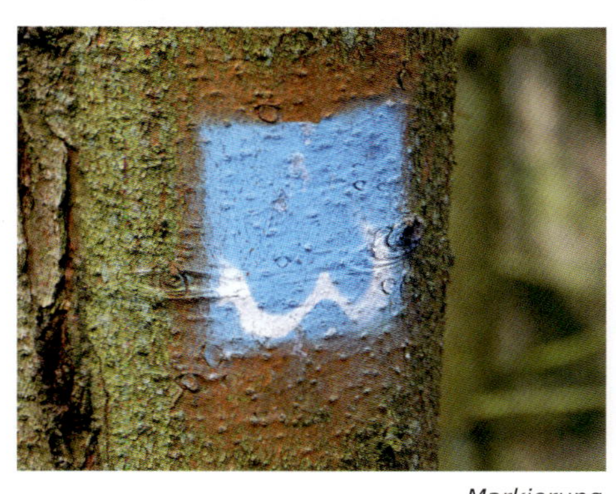
Markierung

Nach dem Aussichtspunkt schraubt sich der Weg langsam, aber stetig über die Mehrholzer Höhe bergauf, bis Sie schließlich den Wald verlassen und auf die weite Hochebene von Espenschied blicken. Links sehen Sie die Pferdekoppeln und Gebäude des Pathfesterhofes, eines weithin bekannten Gestüts und Ausbildungszentrums für Reiter und Pferde.

Sie wandern ca. 700 m auf der asphaltierten Straße, bis Sie das Zeichen „Wispertalsteig“ auf einen Grasweg nach links führt.

Wenn Sie geradeaus auf dem asphaltierten Weg bleiben, haben Sie nach ca. 1,2 km Espenschied erreicht und kürzen so die Tour um etwa ein Drittel ab.

Nach dem Grasweg überqueren Sie die Zufahrtsstraße des Pathfesterhofes ❸ und folgen der Beschilderung über die weite Hochebene von Espenschied. Ca. 2 km nach dem Pathfesterhof verlassen Sie den gemütlich verlaufenden Weg und folgen dem Wispertalsteig auf einen steil nach unten führenden Schieferpfad. (Rutschgefahr bei Nässe!) Nach ca. 500 m sind Sie im Talgrund angekommen und sehen vor sich den Werkerbrunnen ❹ (km 7,6). Das Wasser dieses Sauerbrunnens ist kohlensäure- und eisenhaltig und wurde früher als Heilwasser vertrieben.

Rutschgefahr auf der Treppe! Das eisenhaltige Wasser färbt nicht nur Hundepfoten rot.

Der Wispertalsteig verläuft nun entlang des Sauerbornbachs durch den kühlen und feuchten Bachgrund. Links und rechts sind immer wieder Löcher im Berg zu erkennen, die auf die ehemalige Bergwerkstätigkeit in dieser Region hinweisen (☞ Tour 17: Bergbau im Rheingau). Viele dieser Löcher sind zum Schutz der dort lebenden Fledermäuse vergittert.

Nach ca. 900 m biegen Sie rechts ab, in einen schmalen, steilen Naturpfad, der Sie zum Saurierfelsen ❺ (km 8,8) bringt. Ca. 700 m nach dem Saurierfelsen kommen Sie unvermittelt aus dem Wald heraus, vor Ihnen liegt erneut die Hochebene von Espenschied. Sie biegen links ab, wandern am Waldrand entlang und haben nach ca. 500 m eine Bank erreicht, die zur Rast mit weitem Blick auf Wollmerschied und Ransel einlädt (km 9,6).

Sie wandern auf dem gut markierten Weg mit einem weiten Blick über die offene Hochebene bis zum Luftkurort Espenschied mit seinem idyllischen Dorfplatz ❻.

Gasthaus Zur Linde, Kirchweg 3, 65391 Espenschied, ☏ 067 75/425, www.gasthaus-zur-lin.de, Fr, Sa, Mo ab 17:00, So ab 12:00, Di, Mi und Do Ruhetag

70 m weiter geradeaus liegt eine weitere Einkehr.
Gasthof Dorfschänke, Laukenmühler Weg 9, 65391 Espenschied, ☏ 067 75/388, Mi-Fr ab 17:00, Sa ab 14:00, So und Fei ab 11:30, Mo und Di Ruhetag

Am Dorfplatz führt ein schmaler Graspfad recht steil nach unten. Rechts liegt das ehemalige Hotel Sonnenhang und Sie folgen der Markierung „Wispertalsteig" über die Borngasse aus dem Dorf heraus. Der gut ausgebaute Wanderweg ist einfach zu gehen und führt leicht bergab.

Ca. 1,8 km nach Espenschied verlässt der Wispertalsteig die breite Forststraße und biegt im spitzen Winkel links ab in einen schmalen Wiesenpfad ❼. Dieser schmale Pfad führt Sie an teilweise bizarren Felsformationen und deren Bewuchs vorbei und lässt Sie einen Bach überqueren.

Nach ca. 700 m biegt der Weg scharf rechts ab und Sie wandern entlang des Dorfbaches auf teilweise steilen, manchmal rutschigen Pfaden bergab zurück zur Laukenmühle.

(✗) Gasthaus Laukenmühle, zurzeit geschlossen

17 Bergbau im Rheingau: von Sauerthal zur Grube Glückauf und Grube Kreuzberg

Tour für Abenteurer

Abenteuer bedeutet in diesem Fall das Fehlen von Markierungen – und wenn Markierungen vorhanden sind, sind sie meistens eher verwirrend als hilfreich. Sollten Sie sich mit Abenteuerlust und gutem Orientierungssinn an diese Tour wagen, dann werden Sie mit einer herrlich abwechslungsreichen Wanderung belohnt, die Sie auf sehr gut zu gehenden Wegen vom schattigen Bachgrund über eine weite Hochebene führt. Unterwegs entdecken Sie alte Gruben, Bergwerksstollen und Halden im dichten Wald, die Schauplatz eines spannenden Kriminalromans des Frankfurter Schriftstellers Jan Seghers sind.

Start/Ziel: kath. Pfarrkirche St. Anna in Sauerthal, GPS N 50°05.128‘ E 007°49.271‘

12,9 km

ca. 4 Std.

320 m/320 m

350-417 m

oft keine Markierungen, schwarzes T

teils Forst- und Wirtschaftswege, teils unmarkierte Pfade im Wald, rund um Weisel Feldwege ohne Schatten

leider keine Einkehrmöglichkeiten vorhanden

Am alten Lindenbaum (km 7)

Der Weg am Bach entlang ist für Kinder sehr spannend.

Die Tour ist mit einem Geländebuggy gut machbar, mit einem normalen Buggy allerdings mühsam. ☺ Nach der Grube Glückauf sollten Sie auf dem Fahrweg bleiben. Der Abstecher zur Grube Kreuzberg ist für Buggies nicht empfehlenswert.

Um Weisel herum führt der Weg ca. 2,5 km über Asphalt. Der Wald zwischen Sauerthal und Weisel ist sehr wildreich. Bitte genug Wasser mitnehmen, außer am Tiefenbach gibt es keine Trinkmöglichkeit für Hunde.

P Leider gibt es nur beschränkte Parkmöglichkeiten: am Buswendeplatz an der Kirche ist von Fr 19:00 bis So 22:00 Parken erlaubt, alternative Startpunkte: am Ortseingang Sauerthal/Friedhof von 8:00-18:00 nur 4 Std. (GPS N 50°04.928‘ E 007°49.260’), an der Vereinshalle Sickingen, Zufahrt über die Tiefenbachstraße nur für Anlieger (GPS N 50°05.446‘ E 007°49.400’), oder in Weisel, z. B. am Friedhof (GPS N 50°07.258’ E 007°48,111’)

Linie 191 ab Lorch stündlich nach Sauerthal, am Wochenende nur als Rufbus, bitte 90 Min. vorher bestellen unter ☏ 061 24/726 59 13, der Rufbus hat nur 8 Fahrgastplätze.

Der Ort Sauerthal zieht sich vom Friedhof am Ortseingang bis zum Ortsende ca. 1 km sehr idyllisch am Tiefenbach entlang. Etwa in der Mitte steht die Kirche St. Anna. Hier, wo auch die Burgstraße nach Kaub links abzweigt, beginnt die Rundwanderung.

Sie gehen geradeaus (nördlich) in die Tiefenbachstraße und erreichen nach ungefähr 600 m, am Ende der Häuser, die Vereinshalle Sickingen. Hier befinden sich einige P Parkmöglichkeiten. Sie folgen der Tiefenbachstraße und gelangen an eine vielversprechende Markierung des Taunuswanderweges, der Sie folgen. Sehr sporadisch ist der Weg entlang des Tiefenbachs mit einem schwarzen T gekennzeichnet, dem Sie folgen können. Alle anderen Markierungen im Laufe des Weges sollten Sie besser ignorieren.

An der ersten Weggabelung, ca. 250 m nach der Vereinshalle Sickingen, steht eine Bank. Hier wählen Sie den linken der beiden Wege, der geradeaus, parallel zum Bach, in den Wald hineinführt.

Schieferhalden sind allgegenwärtig und zeugen von der ehemaligen regen Bergwerkstätigkeit in dieser Region. Wer genau hinschaut, entdeckt links, versteckt zwischen Farnen und Brombeeren, den vergitterten Eingang zum alten Stollen Falkenstein (km 2,5).

Sie folgen dem Weg am Bach entlang, bis Sie, vorbei an enormen Schieferabraumhalden, die alten Gebäude der Grube Glückauf ❶ erreichen (km 3,4).

Der Bergbau im Rheingau hat eine lange Tradition. Bereits im Mittelalter wurde hier im Tagebau und in kleineren Stollenbetrieben hochwertiger Dachschiefer abgebaut.

Im 19. Jh. erlebte der Dachschieferabbau besonders in der Gegend um das Wispertal eine Blütezeit, was die zahlreichen Gruben in der Gegend belegen. Teilweise arbeiteten bis zu 70 Bergleute in den Bergwerken. Der abgebaute Schiefer wurde direkt vor Ort zu Dachschieferplatten verarbeitet, verpackt und auf beschwerlichem Weg mit Fuhrwerken an den Rhein gebracht, wo er auf Schiffe verladen und in die ganze Welt transportiert wurde. Mit dem Aufkommen von Kunstschiefer und aufgrund der schwierigen Lagerstätten- und Transportverhältnisse mussten Ende des 19. Jh. aber viele der Gruben schließen.

In den Gruben Glückauf und Kreuzberg wurde noch bis in die 1970er-Jahre Schiefer abgebaut, bis auch hier der Betrieb stillgelegt wurde.

Heute sind die großen Abraumhalden ein idealer Ort für seltene Flora und Fauna. Wärmeliebende Reptilien wie Schlangen und Eidechsen bevölkern das wärmespeichernde Schiefergestein und in den ehemaligen Stollen überwintern viele verschiedene Fledermausarten.

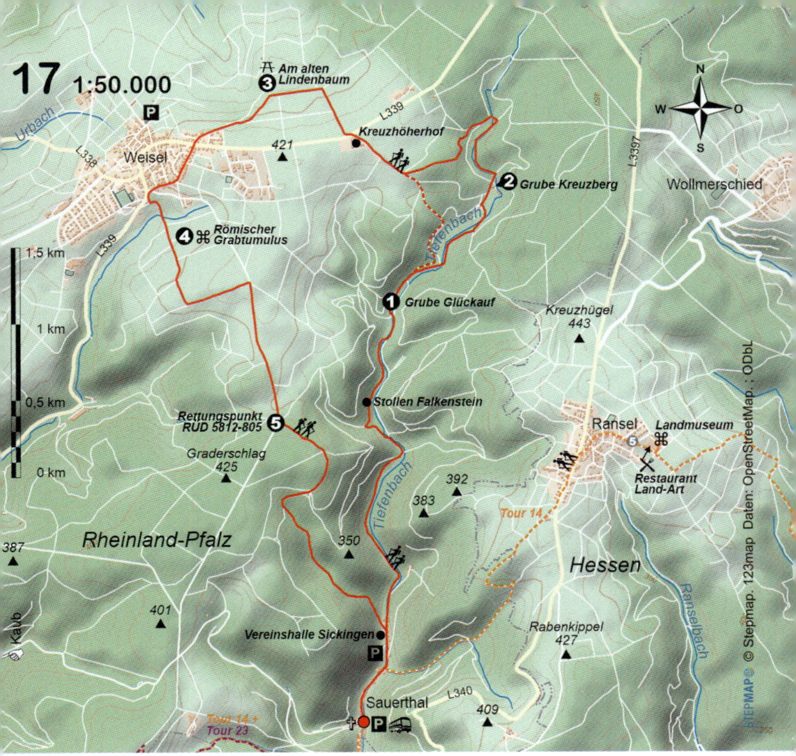

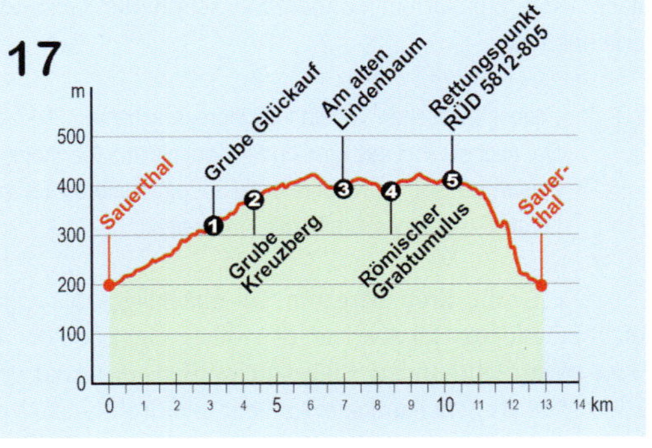

Sie können einen Exkurs zur Grube Kreuzberg machen oder ⇘ alternativ auf dem Fahrweg der Grube Glückauf bleiben und nach ca. 1,7 km erreichen Sie den Kreuzhöherhof.

Wenn Sie über die Grube Kreuzberg wandern wollen, verlassen Sie ca. 420 m nach der Grube Glückauf den Hauptweg und biegen rechts in den gut erkennbaren Wirtschaftsweg ein.

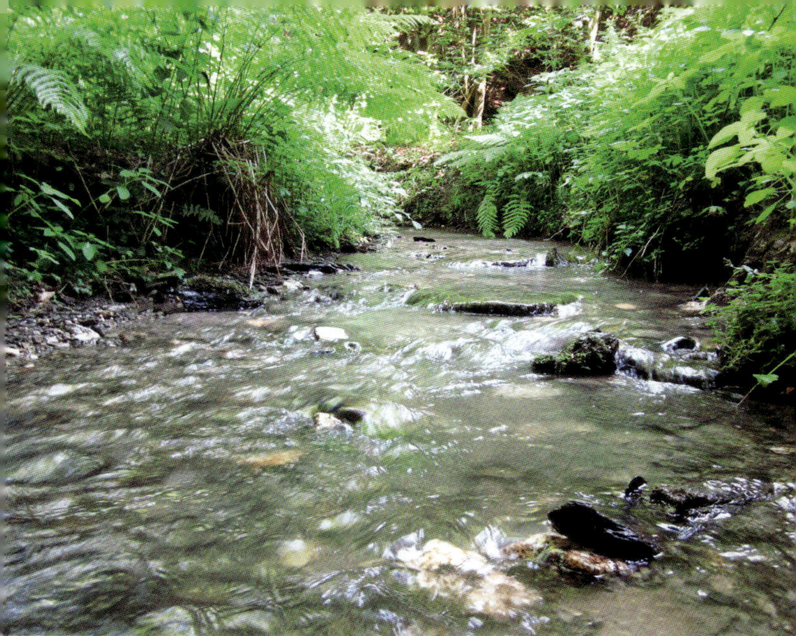

Am Tiefenbach

Nach ca. 200 m halten Sie sich rechts auf dem Wiesenweg, der Sie erst über den Tiefenbach bringt und dann am Bach entlang leicht bergauf führt. Sie gelangen nach ca. 400 m an einen Wirtschaftsweg, an dem Sie links abbiegen, und nach weiteren 300 m können Sie schon die Gebäude der Grube Kreuzberg erkennen ❷.

📖 „Menschenfischer" von Jan Seghers, erschienen 2017 im Kindler Verlag. Der sechste Fall des Frankfurter Kommissars Marthaler führt ihn auf der Suche nach einem grausamen Kindermörder in „ein finsteres Tal am Rhein, nicht weit von der Loreley" – das beschreibt der Klappentext.

„Die Grube Kreuzberg war ein ehemaliges Schieferbergwerk, das in einem dicht bewaldeten Tal oberhalb des Rheins lag. Ende der 1970er Jahre war es nach über einem Jahrhundert stillgelegt worden, die dazu gehörenden Bauten hatten kurze Zeit als Schullandheim gedient und drohten nach einem Brand zu verfallen, bis ein paar junge Leute das Gelände und die noch darauf verbliebenen Gebäude für wenig Geld kauften und begannen, eine Landkommune aufzubauen."

Jan Seghers beschreibt den Wald rund um die Grube Kreuzberg als düster, klamm und schwer. Mit diesen Bildern im Kopf und das Wissen um das schreckliche (fiktive) Verbrechen, das hier geschehen ist, werden Sie vielleicht mit Gänsehaut und leichtem Gruseln hier entlangwandern.

Nach der Grube Kreuzberg halten Sie sich links auf dem Forstweg. Diesem folgen Sie bis zur nächsten Kreuzung, wo Sie wieder links abbiegen.

Schließlich erreichen Sie die Asphaltstraße, die von der Grube Glückauf kommt. Hier biegen Sie rechts ab und erreichen nach 400 m den Kreuzhöherhof.

Sie passieren den Kreuzhöherhof und überqueren die Landstraße L339. Sie halten sich links und biegen nach ungefähr 50 m in den ersten Feldweg rechts ein. Der Hauptweg beschreibt nach ca. 350 m eine Linkskurve, der Sie folgen, bis Sie an den hübschen ⛼ Rastplatz Am alten Lindenbaum ❸ (km 7) gelangen.

Der Rastplatz liegt etwas rechts des Weges. Um nach Weisel zu gelangen, folgen Sie dem asphaltierten Weg nach links. Ca. 700 m nach dem Rastplatz überqueren Sie in Weisel die Hauptstraße und gehen in den gegenüberliegenden Birkenweg.

Weite Landschaften

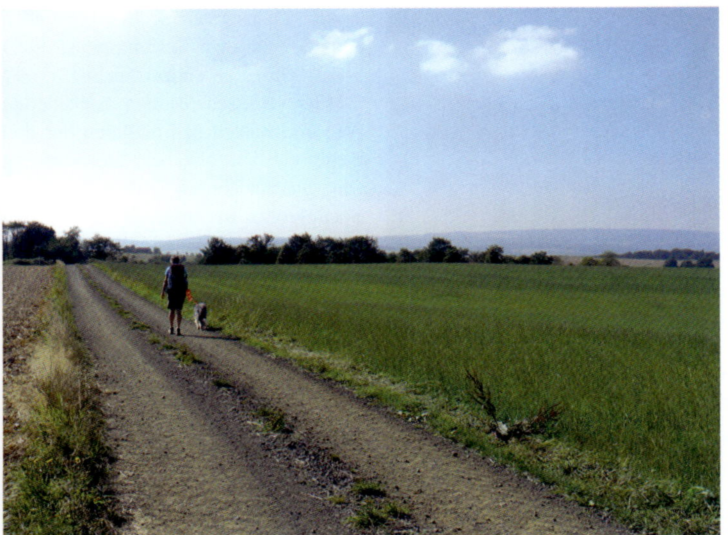

Nach ca. 300 m gelangen Sie zu einer hübschen ⛼ Bank, die ehemals malerisch unter einer Birke stand.

Sie folgen dem Birkenweg bis zur Hauptstraße, der Altpfortner Straße, wo Sie links abbiegen und sich gleich wieder links auf dem Fahrweg halten, der Sie über freie Felder mit weiten Blicken führt.

Nach ca. 400 m erwartet Sie ↳ 100 m links eine archäologische Besonderheit.

⌘ Römischer Grabtumulus ❹ (km 8,4). 1989 entdeckte ein Landwirt beim Pflügen rote Tonscherben und einen Steinkreis. Bei der darauf folgenden Ausgrabung wurde dieser römische Grabtumulus (Grabhügel) aus dem 5. Jh. n. Chr. freigelegt, der der einzige dieser Art auf der rechten Rheinseite ist.

Pilz am Wegesrand

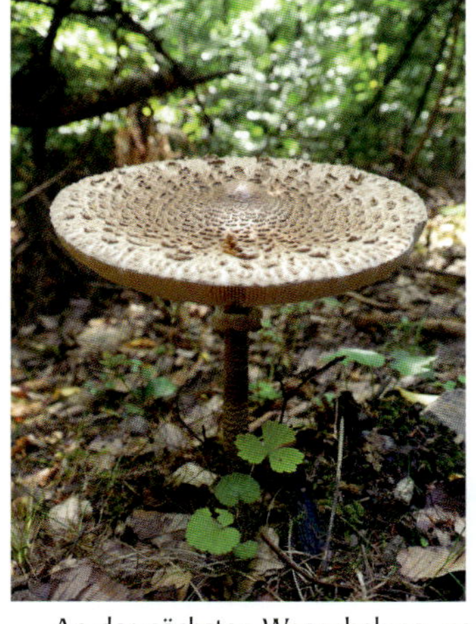

Sie folgen dem Weg leicht bergab über weite Felder und biegen an der nächsten Möglichkeit links ab. Sie stoßen auf einen Fahrweg, biegen rechts ab und erreichen ca. 2,2 km nach dem Dorfausgang von Weisel eine Kreuzung am Wald, an der sich insgesamt sechs Wege treffen und die mit dem Rettungspunkt RÜD 5812-805 ❺ gekennzeichnet ist.

Hier verlassen Sie den asphaltierten Weg und wählen den mittleren der drei Wege, die links abgehen. Der Forstweg führt Sie auf ebener Strecke 720 m in einem großen Rechtsbogen zur nächsten Kreuzung, an der sich fünf Wege treffen. Von den beiden Wegen, die geradeaus führen, wählen Sie den linken, der leicht bergab verläuft.

An der nächsten Weggabelung, nach ca. 220 m, nehmen Sie wieder den linken der beiden Wege, der leicht bergab führt. Dieser gut zu gehende Waldweg führt Sie parallel zum Hang erst auf ebener Strecke, dann etwas steiler bergab bis nach Sauerthal.

Die letzten Meter vor Sauerthal wird der Weg etwas schmaler und auch verwachsener, aber das ist nur ein kurzes Stück. Sie erreichen die Vereinshalle Sickingen und wandern auf bekanntem Weg über die Tiefenbachstraße zurück zum Ausgangspunkt der Wanderung.

⓲ Der Vogtei-Rundwanderweg

Tour für Naturliebhaber

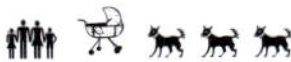

Wer Stille und Abgeschiedenheit sucht, der wird den Vogtei-Rundwanderweg lieben. Nur wenige Kilometer vom bekannten Rheinsteig entfernt liegt dieser Geheimtipp für Ruhesuchende. Die weiten Blicke über offene Wiesenflächen im Wechsel mit genussvollem Wandern durch zauberhafte Märchenwälder machen den Reiz dieser anspruchsvollen Wanderung aus. Allerdings ist die Beschilderung des Vogtei-Rundwanderweges eher kreativ zu nennen. Meistens ist er gut beschildert, doch fehlt an manchen Stellen die eine oder andere Markierung.

Belohnt werden Sie mit absoluter Ruhe und einsamen Waldgenüssen, abseits der Touristenströme.

Start/Ziel: Parkplatz am Sportplatz Welterod, GPS N 50°07.432' E 007°54.073'

18,5 km

ca. 6 Std.

417 m/ 417 m

327-485 m

Vogtei-Rundwanderweg (rotes V), meist gut markiert, doch leider manchmal schwierig zu finden

breite, teils asphaltierte Forstwege und Naturpfade im Wechsel, rund um Strüth und die letzten 2,2 km offene Landschaft ohne Schatten

Eine-Welt-Café im Kloster Schönau (km 5,5, nur sonntags), ☺ Rucksackproviant und Getränke mitnehmen

Tische und Bänke am Ziegenkopf (km 1,2), Grillhütte Eisheck (km 1,9), Grillhütte Lipporn (km 11,1), am Werkerbach (km 13,5), Rastplatz (km 16,8)

Aufgrund der Länge ist der Weg nur bedingt für Kinder geeignet.

Nach den Fischteichen führt der Weg ca. 500 m über einen schmalen, wurzeldurchzogenen Pfad.

Gut geeignet. Bitte genug Trinkwasser mitnehmen, unterwegs gibt es nur eine Trinkmöglichkeit für Hunde kurz nach den Fischteichen.

P am Start/Ziel

Leider ist der Startpunkt mit öffentlichen Verkehrsmitteln nicht zu erreichen.

Der Vogtei-Rundwanderweg ist ein Geheimtipp für Ruhesuchende, die einen Wanderweg abseits der viel begangenen neuen Premiumwege suchen, und verläuft zum Großteil ohne steile Anstiege auf gut ausgebauten Forst- und Wanderwegen.

Da die Strecke recht lang ist und es unterwegs kaum Einkehrmöglichkeiten gibt, sollte sie nicht unterschätzt werden. Der Wanderweg umschließt die drei Orte Welterod, Strüth und Lipporn, die die Vogtei bilden.

Startpunkt dieser Natur-pur-Wanderung ist der Sportplatz Welterod, der ca. 2 km außerhalb der Ortschaft Welterod in Richtung Espenschied liegt. Am Parkplatz befindet sich eine Infotafel mit einer Übersichtskarte zum Wanderweg.

Sie folgen dem Schild in Richtung „Ziegenkopf, Eisheck-Hütte".

Gleich zu Beginn ist etwas Spürsinn gefragt, denn nach ca. 340 m ist die nach links weisende Markierung etwas zugewachsen, aber in den tief hängenden Ästen gerade noch zu erkennen.

Sie nehmen nach 410 m den zweiten Weg, der nach rechts abbiegt. Leider fehlt hier die Markierung des Vogtei-Wanderweges, aber Sie können sich an dieser Stelle an der Markierung „blauer Schmetterling" orientieren. Nach ca. 330 m führt ein schmaler Pfad, der leicht zu übersehen ist, nach links zum Ziegenkopf.

Ca. 1,2 km nach dem Startpunkt haben Sie den Ziegenkopf erreicht, der mit 485 m nicht nur der höchste Punkt dieser Wanderung, sondern gleichzeitig auch die höchste Erhebung im Rhein-Lahn-Kreis ist.

An der Grillhütte Eisheck

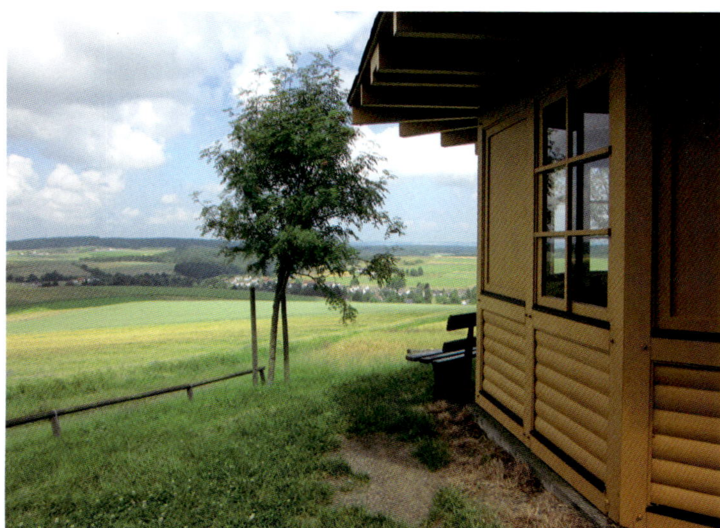

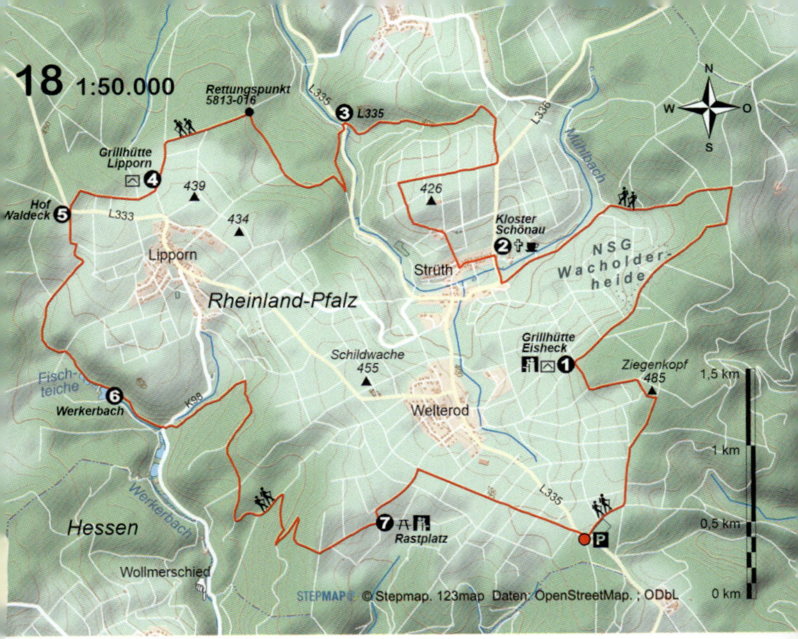

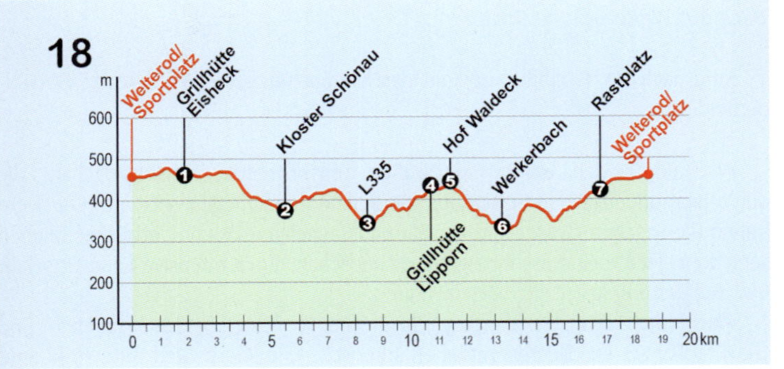

Direkt dahinter laden Tische und Bänke zu einer kleinen Rast ein.

Nach weiteren 900 m gelangen Sie an die Grillhütte Eisheck ❶, von der Sie einen schönen Blick nach Welterod und Strüth mit dem Kloster Schönau genießen können (km 1,9).

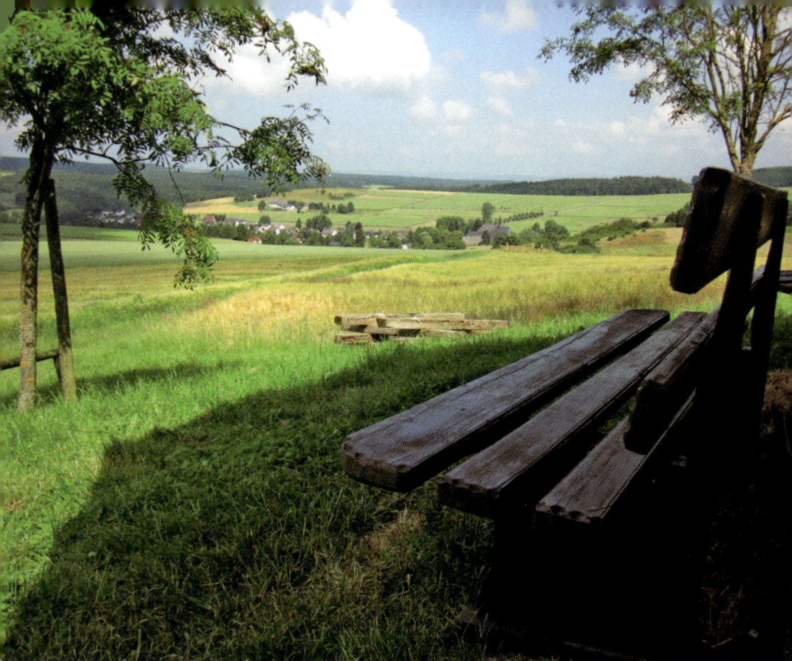

Blick auf Welterod und Strüth

Kurz nach der Grillhütte beginnt das Naturschutzgebiet Welteroder Wacholderheide.

Wacholderheiden waren eine früher weitverbreitete Kulturlandschaft, die durch jahrhundertelange Beweidung mit Schafen und Ziegen entstand. Die Tiere fraßen die weichen Gräser und die harten, stacheligen Wacholderbüsche blieben verschont. Heute ist diese einzigartige Landschaft durch intensive Landwirtschaft und Aufforstung fast völlig verschwunden.

Wacholder selbst ist allerdings nach wie vor eine bedeutende Heil- und Gewürzpflanze. Die Beeren enthalten ätherische Öle, Gerb- und Bitterstoffe und bis zu 30 % Zucker. Sie wirken appetitanregend, harntreibend und verdauungsfördernd.

Wacholderzweige wurden u. a. zum Räuchern von Schinken verwendet.

Der Wacholder ist eine so bedeutende Heilpflanze, dass der Brauch überliefert ist, sich vor Wacholder (und Holunder) zu verbeugen und den Hut zu ziehen. Bei Pestepidemien räucherte man die Wohnstätten mit Wacholder aus und im dunklen Mittelalter galt er als Schutzmittel gegen Zauberei und Hexerei.

In sanftem Auf und Ab führt Sie der gut markierte Weg erst durch lichten Wald und später durch die offene Landschaft, bis Sie nach ca. 5,5 km die Ortschaft Strüth und das Kloster Schönau ❷ erreicht haben.

✞ Kloster Schönau, Kloster Schönau 4, 56357 Strüth, ☏ 067 75/3 27, www.strueth.de, kontakt@strueth.de

Eine-Welt-Café im Kloster, ☏ 067 75/980 83 (Pfarrbüro), So 12:00-18:00 (Sommer) bzw. 12:00-16:00 (Winter) oder auf Anfrage

Nach dem kleinen Abstecher ins Kloster Schönau gehen Sie die gegenüberliegende Brühl-Weiher-Straße entlang, laufen an der Apotheke vorbei und biegen nach 250 m in die erste Straße rechts ab. Die Markierungen sind hier teilweise verwittert und schwer zu erkennen. Nach kurzer Zeit erreichen Sie einen Landwirtschaftsbetrieb, an dem Sie sich links auf dem asphaltierten Weg halten.

Die nächsten 1,5 km führt Sie der Vogtei-Rundwanderweg über freie Wiesenhänge und Felder, bis Sie schließlich wieder in lichten Wald gelangen und auf gut befestigten Forstwegen ohne Schwierigkeiten genussvoll wandern und dabei Ihren Gedanken nachhängen können. Entspannung pur – ein bisschen Yoga für die Seele.

Nach ca. 1,2 km stößt der Weg ziemlich unvermittelt an eine nicht sehr stark, aber sehr schnell befahrene Landstraße ❸.

Sie überqueren die Landstraße und halten sich links. Nach ca. 50 m ist wieder eine Markierung zu entdecken, die Sie erst rechts und dann gleich wieder links bergauf in den Wald führt. Nach ca. 480 m macht der Weg eine Spitzkehre, die jedoch gut markiert ist. An manchen Stellen hat – etwas unkonventionell, aber wirkungsvoll – die Sprühdose gute Dienste erwiesen. Leider sind auch hier die Auswirkungen der vergangenen heißen Sommer zu entdecken und es sind teilweise große Kahlflächen entstanden.

Am Rettungspunkt 5813-016 biegen Sie links ab und wandern gemütlich weiter – erst durch lichten Wald und später wieder über freie Felder mit schönem Blick ins weite Land. Sie erreichen die Grillhütte Lipporn ❹ (km 11,1).

Kurz nach der Grillhütte führt Sie die Markierung rechts auf einen Feldweg. Nach ca. 150 m geht der Feldweg in einen Wiesenweg über, der parallel zu einer neu angelegten Fichtenschonung führt.

Am Hof Waldeck ❺ überqueren Sie die Landstraße und ab hier ist der Weg wieder bestens beschildert. Sie wandern mit einem weiten Panoramablick auf einsamen Wiesenwegen durch die Felder, später durch lichten Wald, bis Sie einige umzäunte Fischteiche (km 13,3) passieren.

Am Ende der Umzäunung gelangen Sie an eine Wiese.

Hier können Sie einen kleinen Abstecher nach rechts machen und finden einen Zugang zum Werkerbach ❻, wo Hunde eine willkommene Abkühlung genießen können und auch Menschen einen angenehmen, kühlen Rastplatz finden.

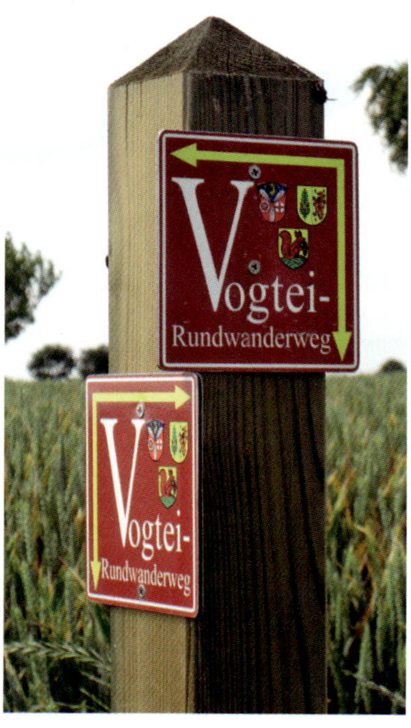

Markierung

Nach den Teichen überqueren Sie die Straße von Lipporn nach Wollmerschied. Sie wenden sich nach links und gehen ca. 50 m die Landstraße entlang, bis der Weg als schmaler Pfad rechts in den Wald biegt.

Dieser mit Wurzeln durchzogene, naturbelassene Pfad führt nach 500 m wieder auf eine Forststraße, die links nach Lipporn abzweigt. Sie folgen aber dem Vogtei-Rundwanderweg nach rechts.

Der restliche Weg ist ein Kinderspiel. Durch lichten Wald wandern Sie auf breiten Forstwegen sanft geschwungen auf und ab, mal linksherum, mal rechts und schließlich über zwei Spitzkehren hinweg. Nach ca. 2,3 km gelangen Sie wieder auf freies Feld und folgen der Markierung nach links. Nach ca. 500 m bietet sich Ihnen nochmal ein hübscher Rastplatz ❼ mit weiten Blick an.

Nach der kurzen Pause folgen Sie weiter der Markierung und biegen nach weiteren 500 m rechts ab auf eine schöne, von Bäumen gesäumte Allee. Wenn Sie auf der Allee laufen und nach links blicken, sehen Sie entfernt am gegenüberliegenden Waldrand die Grillhütte Eisheck liegen, an der Sie vor ein paar Stunden vorbeigekommen sind.

Wie auf einer Zielgeraden bringt Sie die Allee nach ca. 1 km wieder zum Sportplatz Welterod, dem Start- und Zielpunkt des Vogtei-Rundwanderweges.

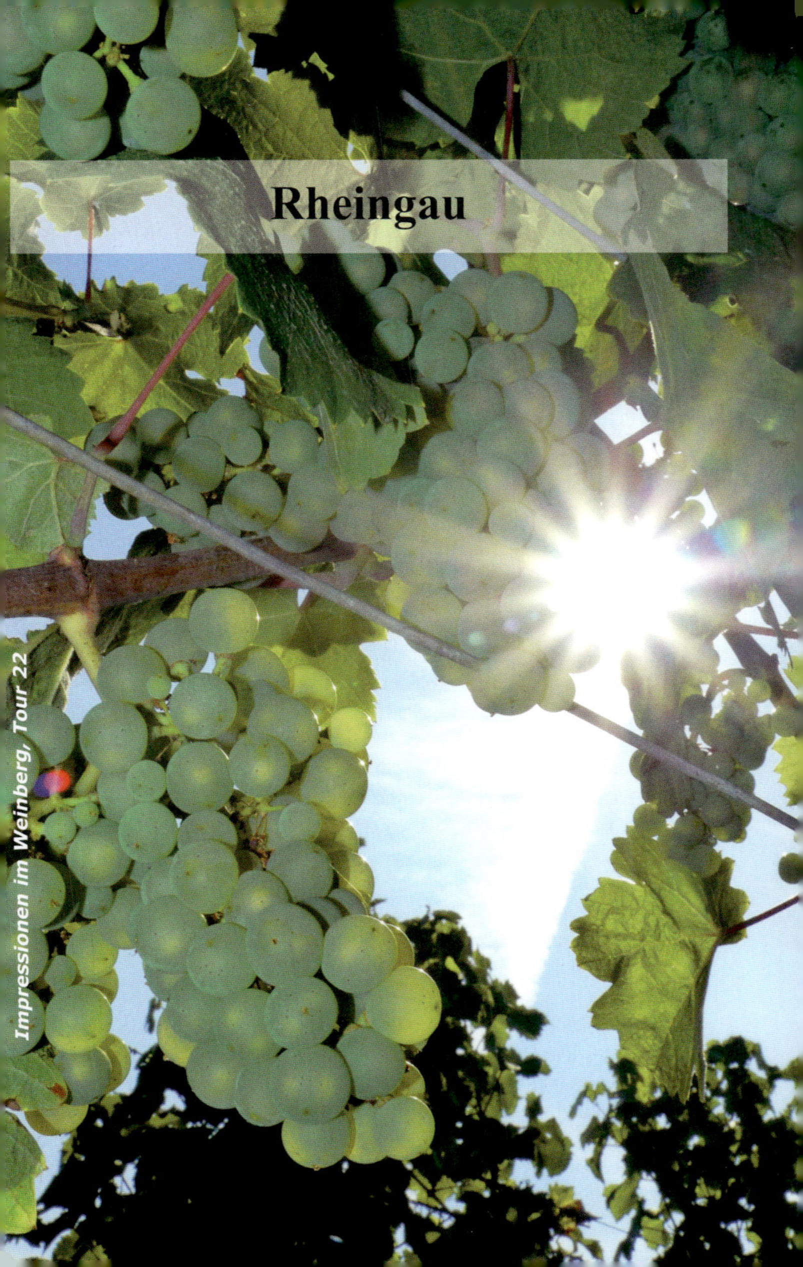
Rheingau
Impressionen im Weinberg, Tour 22

⑲ Himmelssteig und Mühlenweg

Tour für Genießer

Das malerisch im Elsterbachtal gelegene Kloster Marienthal ist Start- und Zielort dieser abwechslungsreichen Rundtour. Auf gut zu gehenden Forstwegen und Naturpfaden wandern Sie durch Wälder, über weite Höhen und Weinberge. Zurück im Elsterbachtal führt Sie der Mühlenweg an einigen traditionsreichen Mühlen vorbei, die inzwischen Weingüter mit Gutsausschänken beherbergen.

Start/Ziel: Kloster Marienthal, GPS N 50°00.642' E 007°56.868'
9,8 km
ca. 3 Std.
289 m/289 m
136-373 m
grünes Eichblatt, Himmelssteig, Rheinsteig, ohne Markierung, Mühlenweg
Anfangs schattige Waldwege, nach dem Haus Neugebauer führt der Weg durch die sonnigen Weinberge.
Haus Neugebauer (km 4,5), Weingut Trenz (km 6,5), Weingut Klein (km 6,6), Kloster Johannisberg (km 7), diverse Straußwirtschaften entlang des Mühlenweges
Bank mit Aussicht (km 2,7), Bank im Weinberg (km 5,9), Bank mit Aussicht (km 8,2)
Geeignet. Das Weingut Ostermühle (km 9,2) hat einen großen Spielplatz.
Für Geländebuggys geeignet, kurz nach dem Kloster Johannisberg sind allerdings ein paar Stufen zu bewältigen.
Die Wanderung ist für Hunde sehr gut geeignet.
P direkt am Kloster Marienthal oder ca. 200 m in Richtung Johannisberg (großer Parkplatz auf der rechten Seite)
Linie 183 Geisenheim – Johannisberg, ca. alle 2 Std.,
Rufbus: ☏ 018 03/10 11 13
An kirchlichen Feiertagen oder Wallfahrten kann hier auch mal etwas mehr Betrieb sein. Die Termine finden Sie auf der Internetseite des Klosters.

Das Franziskanerkloster Marienthal mit seiner Wallfahrtskirche ist ein besonderer Ort. Direkt am plätschernden Elsterbach gelegen vermittelt es eine Ruhe und Geborgenheit, die die Menschen berührt. Hier beginnt diese Wanderung.

✝ Kloster Marienthal, Kloster Marienthal 1, 65366 Geisenheim, ☏ 067 22/995 80, www.franziskaner-marienthal.de

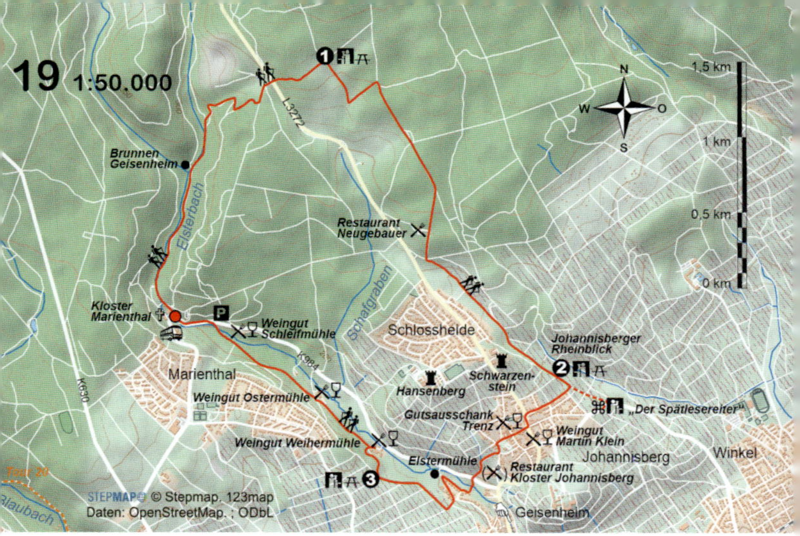

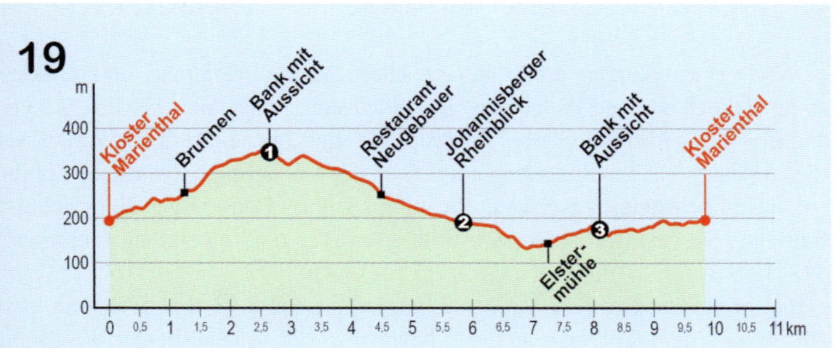

Der mit einem grünen Eichblatt gekennzeichnete Wanderweg führt am Kloster vorbei und sogar teilweise durch die Klosteranlagen hindurch. So sind der Kreuzweg und ein zu Ehren des hl. Franz von Assisi angelegter Garten Bestandteile des Wanderwegs.

Sie wandern am Elsterbach entlang und vielleicht tragen Sie noch ein bisschen von der meditativen Ruhe des Klosters mit sich.

Am Brunnen Geisenheim biegt der Hauptweg links ab. Sie folgen aber weiter dem grünen Eichblatt, das auf den Grasweg geradeaus führt.

Sie folgen dem Grasweg ungefähr 400 m und halten sich am nächsten Abzweig rechts. Zum grünen Eichblatt gesellt sich hier noch die Markierung „Himmelssteig“, die Sie ab jetzt leicht bergauf durch lichten Wald leitet.

Nach kurzer Zeit stoßen Sie auf den Rheinsteig, der hier parallel zum Himmelssteig verläuft. Sie bleiben auf dem Himmelssteig und wandern weiter leicht bergauf. Nach 500 m überqueren Sie die L3272 und folgen jetzt weiter dem Rheinsteig nach Johannisberg.

Die Landschaft ist hier sehr abwechslungsreich: Schattige Waldwege wechseln sich mit Passagen durch offene Wiesenflächen ab, die einen freien Blick ins Rheintal zulassen.

Brombeersträucher links und rechts vom Weg laden zum Naschen ein und eine hübsche Bank mit schöner Aussicht zur Rast ❶ (km 2,7). An der Bank biegen Sie rechts ab, nach ca. 360 m links und nach weiteren 250 m wieder rechts.

Nun führt der Rheinsteig als naturbelassener Pfad durch den Wald immer geradeaus bergab.

✕ Restaurant Neugebauer, Haus Neugebauer 1, 65366 Geisenheim, ☏ 067 22/960 50 oder 067 22/970 39 99, www.hotel-neugebauer.de, Mo, Do und Fr ab 17:30, Sa und So 11:30-14:30 und 17:30-21:00, Di und Mi Ruhetag

Nach einem kurzen Steilstück erreichen Sie den Waldrand und wandern ab jetzt durch sonnige Weinberge. Der Rheinsteig bringt Sie zwischen Wingert und dem Geisenheimer Ortsteil Schlossheide sanft bergab zu einem Wegweiser. Hier verlassen Sie den Rheinsteig und folgen der Markierung „Rheinsteig-Zubringer“ (wie Rheinsteig, nur gelb) in Richtung „Schloss Hansenberg, Burg Schwarzenstein“. Sie gelangen an einen asphaltierten Weg und folgen ihm weiter bergab.

Sie erreichen den Johannisberger Rheinblick ❷ (km 5,9). Nur etwa 100 m nach dem Rastplatz, an der Schautafel zu den Johannisberger Weinlagen, biegen Sie rechts ab.

Wenn Sie an diesem Abzweig geradeaus weitergehen, gelangen Sie nach ca. 340 m an die Hauptstraße, die von Johannisberg nach Östrich-Winkel führt. Hier wurde dem legendären Spätlesereiter ein Denkmal errichtet.

⌘ Denkmal „Der Spätlesereiter“

Anders als die übrigen Weingüter im Rheingau brauchte das Kloster Johannisberg in früheren Zeiten eine spezielle Erlaubnis, um mit der Weinlese zu beginnen. Diese Erlaubnis durfte nur vom Fürstbischof von Fulda erteilt werden.

Im Jahr 1775 verspätete sich der Bote und die Mönche mussten mit ansehen, wie die Trauben am Weinstock von Fäulnis befallen wurden und verschrumpelten.

Als der reitende Bote aus Fulda endlich – mit zwei Wochen Verspätung – die Erlaubnis zur Weinlese brachte, schien die Ernte verdorben. Die Mönche holten dennoch pflichtbewusst die verschrumpelten Trauben ein und siehe da: Der Wein aus den faulen Trauben war von außerordentlicher Qualität. Die Edelfäule, die „normalen" Wein zur Spätlese macht, war entdeckt.

📖 „Karl, der Spätlesereiter", Comic von Michael Apitz und Patrick Kunkel

Der Spätlesereiter

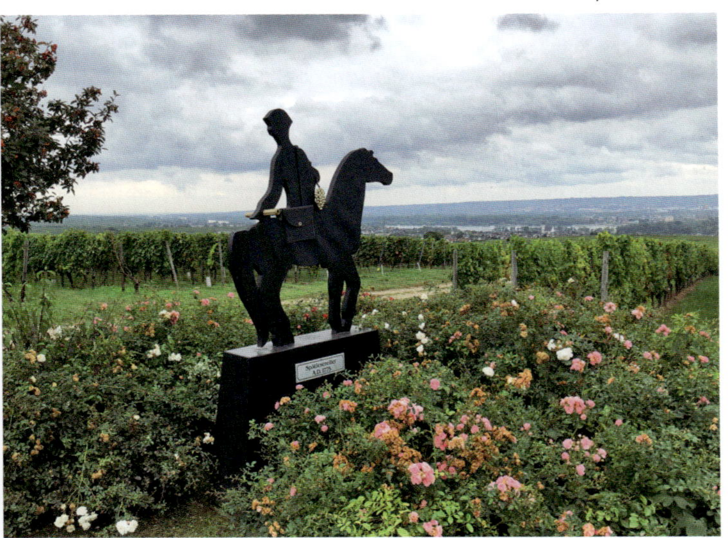

Sie gelangen in den Geisenheimer Ortsteil Johannisberg.

Sie folgen den Straßen Im Vogelsang und Emma-von-Mumm-Straße, bis Sie an die Hauptstraße gelangen. Hier biegen Sie erst links ab und gleich wieder rechts in die Schulstraße.

✕ 🍷 Gutsausschank Trenz, Schulstraße 1-3, 65366 Geisenheim, ☎ 067 22/75 06 30, 💻 www.weingut-trenz.de, 🚪 Mi-Sa ab 16:00, So und Fei ab 12:00, Weihnachten bis Anfang Feb geschlossen

♦ Weingut Martin Klein, Gutsausschank im Alten Rathaus, Rosengasse 6, 65366 Geisenheim, ☎ 067 22/51 25, 💻 www.weingut-martin-klein.de, 🚪 saisonal geöffnet, bitte vorher anrufen

Eine Straußwirtschaft ist ein saisonal geöffneter Weingutsausschank, in dem der Winzer selbst erzeugten Wein und einfache Speisen wie Handkäs' mit Musik oder Flammkuchen anbietet. Der Name geht auf einen Erlass Karls des Großen zurück, der vorschrieb, dass Weingüter mit eigenem Schankbetrieb mit einem aufgehängten Strauß aus Reben oder Efeu kenntlich zu machen seien.

Heute findet man Straußwirtschaften und Gutsausschänke in allen Kategorien: von sehr einfach bis sehr gehoben. Doch eines darf in keiner Straußwirtschaft fehlen: Worscht, Weck und Woi (hochdeutsch: Wurst, Brötchen und Wein).

Am Alten Rathaus gehen Sie geradeaus weiter in die Obere Brunnengasse. Parallel zur Mauer, hinter der sich der Park der Kölner Villa befindet, laufen Sie leicht bergab und halten sich unten links. Am Ende der Mauer biegen Sie rechts in die Weinberge ab und gehen auf einem hübschen Grasweg durch die Weinberge. Links von Ihnen erhebt sich ein großes Gebäude. Es ist die etwas unbekanntere Rückansicht des Klosters Johannisberg. Sie gehen an der Klostermauer entlang und biegen links ab, dann wandern Sie bergab und gelangen an den Parkplatz des Restaurants Kloster Johannisberg.

(✕) Restaurant Kloster Johannisberg, Badpfad 1, 65366 Geisenheim-Johannisberg,
www.kloster-johannisberg.de, info@kloster-johannisberg.de,
zurzeit geschlossen

Genau gegenüber dem Parkplatz führt ein schmaler Weg über ein paar Stufen nach unten. Hier beginnt der Mühlenwanderweg. Einst befanden sich 14 Mühlen entlang des kleinen Elsterbaches. Einige davon sind inzwischen Weingüter mit Gutsausschank.

☺ Am letzten Sonntag im August findet entlang des Mühlenweges alljährlich das Mühlenfest statt, bei dem alle Mühlen geöffnet haben.

Die Markierung „Mühlenwanderweg“ weist Ihnen ab jetzt den Weg. Sie überqueren auf einer schmalen Brücke den Elsterbach und gelangen in ein Wohngebiet, dort folgen Sie der Straße Im Bodental, bis vor Ihnen die Elstermühle liegt. Hier geht es links ab in die Straße Im Bienenfang. Am Ende der Häuser biegen Sie rechts in die Weinberge ab und nach der Schranke biegen Sie bei der ersten Möglichkeit erneut rechts ab.

Der Mühlenwanderweg ist leider etwas unzureichend markiert. Viele Markierungen sind sehr versteckt angebracht, manche fehlen gänzlich.

Auf einem asphaltierten Wirtschaftsweg wandern Sie durch die Weinlagen Hölle und Mittelhölle.

An einer Bank ❸ können Sie einen schönen Blick genießen: Vor Ihnen liegt rechts das Schloss Hansenberg mit der gleichnamigen Weinlage und etwas weiter hinten rechts erkennen Sie Burg Schwarzenstein.

An dieser Bank teilt sich der Weg und Sie wählen den, der rechts bergab in den Wald führt. Sie befinden sich jetzt auf der Zielgeraden des Mühlenwanderweges, der zusätzlich mit einem blauen Schmetterling gekennzeichnet ist und mehr oder weniger geradeaus, parallel zum Elsterbach, an den Mühlen vorbeiführt. Viele der Mühlen sind inzwischen Weingüter, die dem Wanderer eine rustikale Vesper und hauseigenen Wein anbieten. Die Öffnungszeiten der meisten Gutsausschänke im Rheingau sind saisonal und ändern sich jedes Jahr. Bitte rufen Sie vor der geplanten Einkehr an und erkundigen sich nach den aktuellen Öffnungszeiten.

Mühlenwanderweg

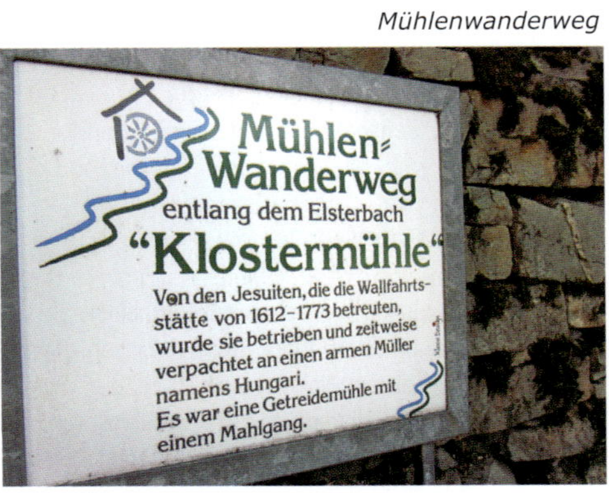

- Weingut Weihermühle, Weihermühle, 65366 Geisenheim, ☏ 067 22/648 46, www.weingut-weihermuehle.de, Gutsausschank: saisonal geöffnet, bitte vorher anrufen, Weinverkauf jederzeit nach Vereinbarung
- Weingut Ostermühle, Ostermühle, 65366 Geisenheim, ☏ 067 22/89 23, www.weingut-ostermuehle.de, Gutssauschank aktuell geschlossen, Weinverkauf tägl. nach Vereinbarung
- Weingut Schleifmühle, 65366 Geisenheim, ☏ 067 22/81 22, Gutssauschank: saisonal geöffnet, bitte vorher anrufen, Weinverkauf tägl. nach Vereinbarung

Der Wanderweg stößt genau am großen Parkplatz des Klosters Marienthal auf die Straße. Sie biegen links ab und haben nach nur 250 m das Kloster Marienthal erreicht.

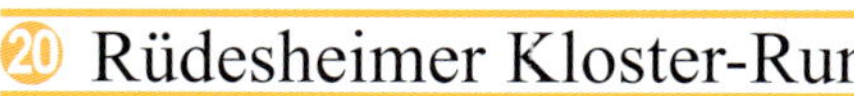

20 Rüdesheimer Kloster-Runde

Tour für Liebhaber der Gegensätze

Rüdesheim mit seiner Drosselgasse ist ein Mekka für Deutschlandtouristen. Inmitten von Andenkenläden und trubeliger Weinseligkeit startet diese Rundtour und führt Sie nach nur einer halben Stunde Gehzeit über ruhige Wiesenflächen und stille Waldpfade zum ehemaligen Kloster Nothgottes. Durch das hübsche Blaubachtal bringt Sie der Rheinsteig zur berühmten Abtei St. Hildegard, dem Kloster der hl. Hildegard von Bingen.

Start/Ziel: Bahnhof Rüdesheim, GPS N 49°58.631‘ E 007°54.924‘

10,4 km

3 Std. 30 Min.

320 m/ 320 m

82-311 m

teil ohne Markierung, schwarzes R, Rheinsteig

abwechslungsreiche Wege: in den Weinbergen wenig Schatten, aber schöne Blicke auf den Rhein, im Wald schmale Pfade, die Trittsicherheit erfordern

zahlreiche Einkehrmöglichkeiten in Rüdesheim, z. B. Domus Torculorum (km 1,2 bzw. 10), Café im Klosterladen in der Abtei St. Hildegard (km 8,1)

Rastplatz an der Straße (km 2,1), Rastplatz im Weinberg (km 6,8)

Die schöne, abwechslungsreiche Wanderung eignet sich auch gut für Kinder.

Kurz vor dem ehemaligen Kloster Nothgottes verläuft der Weg ca. 600 m über einen schmalen Naturpfad bergab, sonst über recht breite, gut ausgebaute Forststraßen.

Rüdesheim und die Drosselgasse können für manche Hunde zu trubelig sein. Ansonsten geeignet.

Direkt am Bahnhof, in der Oberstraße, in der Burgstraße oder am großen Parkplatz in der Germaniastraße. Die Parkplätze in Rüdesheim sind gebührenpflichtig: € 1,50 pro Std., max. 10 Std.

SE10 RheingauLinie FFM/Wiesbaden – Koblenz, alle 30 Min.

kombinierbar mit Tour 21: Niederwald und Zauberhöhle

Direkt gegenüber dem Bahnhof von Rüdesheim liegen die Gebäude der Destillerie Asbach, die in den 60er-Jahren des letzten Jahrhunderts mit Weinbrand und dem Slogan „In Asbach Uralt liegt der Geist des Weines“ deutschlandweit berühmt wurde.

Vom Bahnhof aus biegen Sie links in die Oberstraße ab, dem Holzschild „Zur Seilbahn“ folgend. Die Oberstraße bringt Sie direkt in Richtung Drosselgasse.

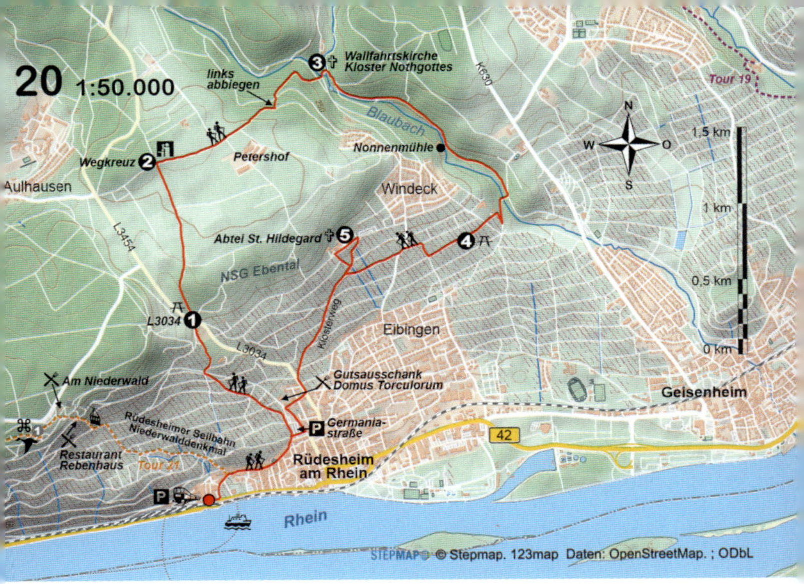

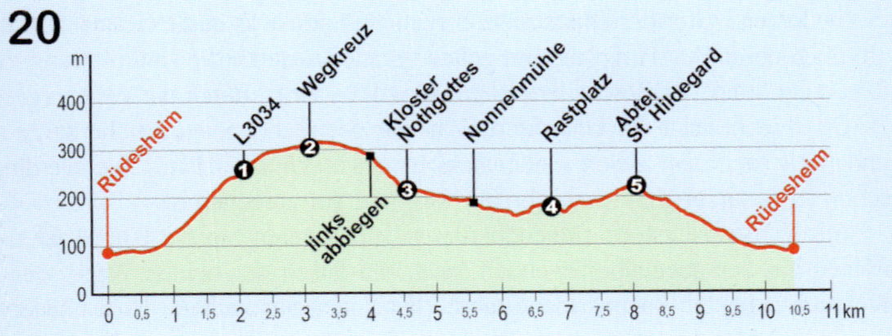

Deutschlands wohl berühmteste Gasse zweigt – ganz unscheinbar – ca. 550 m vom Bahnhof entfernt links von der Obergasse ab. Wer mag, kann hier schon einmal einen Rüdesheimer Kaffee probieren.

Rezept für Rüdesheimer Kaffee: Geben Sie in eine Kaffeetasse 4 cl erhitzten Weinbrand und 3 Würfel Zucker und flambieren Sie das Ganze für ca. 1 Min. Rühren Sie mit einem langen Kaffeelöffel um, damit sich der Zucker auflöst. Dann füllen Sie die Tasse mit heißem Kaffee auf und geben eine Haube aus mit Vanillezucker gesüßter Schlagsahne und feinen Schokoraspeln oben darauf.

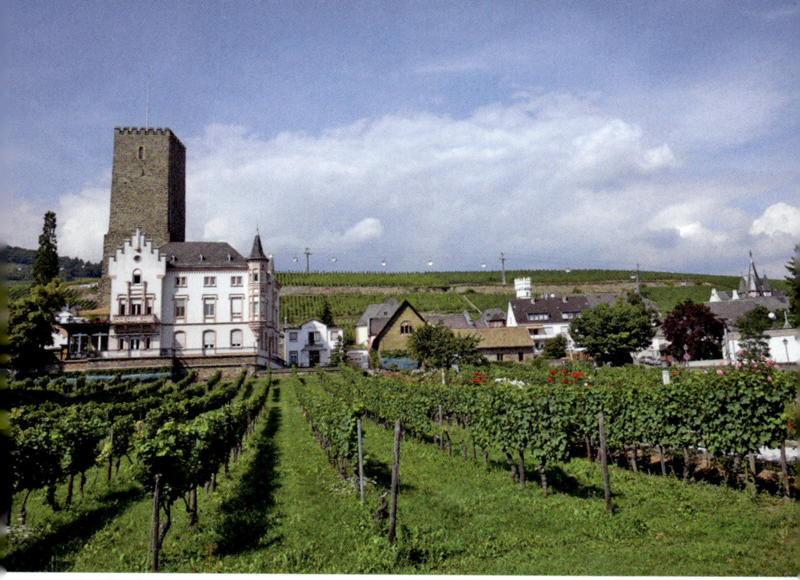

Rüdesheim

Sie folgen weiter der Oberstraße, biegen am Ende links in die Germaniastraße ab, überqueren den Parkplatz und gehen geradeaus durch die Unterführung. Sie folgen ein Stück der Beschilderung „Walking Weg Nr. 1" durch die Weinberge.

Ca. 850 m nach der Unterführung biegen Sie rechts zur Jugendherberge ab und nach ca. 50 m gleich wieder links in einen schmalen Pfad, der allerdings schon nach kurzer Zeit wieder breiter wird und gut zu gehen ist.

An der Bushaltestelle „Jugendherberge" überqueren Sie die L3034 ❶ und wählen auf der gegenüberliegenden Seite den linken der beiden Wege, der in Richtung „Ebental, Kammerforst" führt. Hier finden Sie auch ⊼ Tisch und Bank (km 2,1), leider an der Hauptstraße.

Ohne Markierung wandern Sie auf dem breiten, ehemals asphaltierten Weg geradeaus durch das Naturschutzgebiet Ebental. Der Straßenbelag weist riesige, vom Wasser ausgewaschene Löcher auf, die beim Wandern allerdings nicht stören. Am Waldrand sehen Sie ein Wegkreuz ❷, an dem Sie rechts abbiegen, und mit einem weiten Blick ins Rheintal wandern Sie gemütlich auf dem asphaltierten Weg über weite Wiesen und Felder.

Ca. 550 m nach dem Wegkreuz biegt der asphaltierte Weg rechts zum Petershof ab. Sie bleiben aber weiter geradeaus auf dem Forstweg, der schließlich leicht bergab in den Wald führt. Ca. 400 m nach dem Abzweig zum Petershof verlassen Sie den breiten Forstweg und biegen links in einen etwas unscheinbaren Pfad ab.

 Dieser Abzweig ist leicht zu übersehen (km 4).

Sie folgen nun für ca. 600 m dem Pfad leicht bergab, der sehr sporadisch mit einem schwarzen R gekennzeichnet ist. Ein paar Mal überqueren Sie etwas breitere Forststraßen, doch Sie bleiben immer auf dem Pfad, der geradeaus leicht bergab führt.

Kurz vor dem Kloster Nothgottes gelangen Sie an eine Kapelle. Auch hier überqueren Sie die breite Forststraße und folgen geradeaus dem Pfad bis zu seinem Ende, wo Sie links zum Haupttor des Klosters Nothgottes ❸ abbiegen.

✞ Wallfahrtskirche und Kloster Nothgottes (km 4,7). Schon im 14. Jh. gab es hier eine Wallfahrtskapelle, im 16. Jh. wurde dann ein Kapuzinerkloster gegründet. Nach einer sehr wechselvollen Geschichte wurde das Kloster Nothgottes vor Kurzem wieder von Mönchen besiedelt. Seit September 2013 leben hier Zisterziensermönche aus Vietnam.

Hier halten Sie sich rechts und gleich wieder rechts, der Markierung „großes R" folgend, und erkennen nach ca. 100 m die deutliche Markierung des Rheinsteigs, ein stilisiertes blaues R, dem Sie ab jetzt in Richtung Rüdesheim folgen.

Der Weg führt durch das bezaubernde offene Blaubachtal, vorbei an der in Privatbesitz befindlichen Nonnenmühle. Dann biegen Sie, dem Rheinsteig folgend, rechts ab und wandern leicht bergauf in die Weinberge. Der Rheinsteig biegt mal rechts, mal links ab und Sie durchwandern berühmte Weinlagen wie Kirchenpfad, Klosterberg oder Klosterlay.

An vielen Rebstöcken sind die Winzer genannt, die den jeweiligen Weinberg bewirtschaften. Vielleicht lassen Sie sich hier inspirieren, bei dem einen oder anderen Weingut mal ein Fläschchen Rheingauer Riesling zu verkosten.

Sie kommen zu einem ⛼ Rastplatz ❹ (km 6,8).

Direkt vor Ihnen liegt nun der imposante Bau des Klosters Eibingen (besser bekannt als Abtei St. Hildegard), links davon, etwas weiter entfernt, erblicken Sie das Niederwald-Denkmal und auf der gegenüberliegenden Rheinseite im Wald ist die Rochuskapelle sehr gut zu erkennen, in der sich der Reliquienschatz der hl. Hildegard befindet.

Hildegard von Bingen (1098-1179) ist die wohl charismatischste Frauengestalt des Mittelalters. Mit 14 Jahren trat sie ins Kloster Disibodenberg ein und gründete 1147 trotz vieler Widerstände ihr eigenes Benediktinerinnenkloster am Rupertsberg bei Bingen.

Als Visionärin und Ratgeberin ermahnte sie die Großen ihrer Zeit, allen voran Kaiser Friedrich Barbarossa, zur Barmherzigkeit und dazu, den Weg zu Gott zu finden. Über 300 Briefe und mehrere bedeutende Werke wie „Scivias" und „Physica" schrieb die unermüdliche Äbtissin im Laufe der Zeit.

Ihre Erkenntnisse in der Kräuter- und Heilkunde waren für die damalige Zeit revolutionär und selbst heute suchen viele den Weg der hl. Hildegard von Bingen, um im Einklang mit der Natur und mit Gott zu leben. Die Kräutermedizin der Heiligen ist heute populärer als je zuvor.

„Der Fall Hildegard von Bingen" von Edgar Noske

Im Kloster Eibingen (Abtei St. Hildegard)

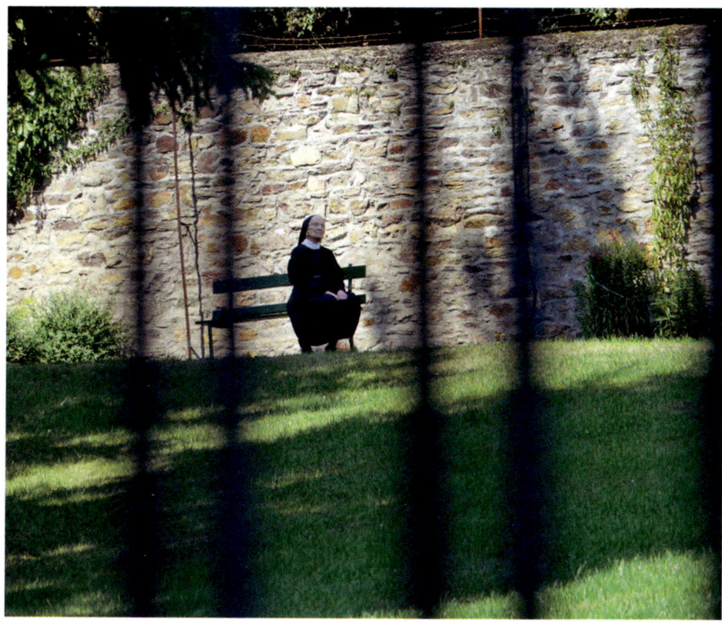

Nach der kleinen Verschnaufpause bleiben Sie weiter auf dem Rheinsteig und gelangen nach kurzer Zeit an die Landstraße, die von Rüdesheim nach Eibingen führt.

Sie überqueren die Straße, halten sich leicht links und biegen nach ein paar Metern gleich wieder rechts ab in die Weinberge.

Nach kurzer Zeit gelangen Sie an eine Weggabelung. Links führt Sie die Markierung „Rheinsteig-Zubringer" auf dem kürzesten Weg nach Rüdesheim.

Sie folgen allerdings der Beschilderung des Rheinsteigs nach rechts, der Sie in ca. 500 m zur Abtei St. Hildegard ❺ bringt.

✝ Abtei St. Hildegard, Klosterstraße, 65378 Rüdesheim am Rhein, ☏ 067 22/49 90, mit Klosterladen: ☏ 067 22/49 91 16, ✉ versand@abtei-st-hildegard.de, Mo-Sa 10:00-17:00, So 12:00-17:00

1165 gründete Hildegard von Bingen auf der gegenüberliegenden Rheinseite das Tochterkloster in Eibingen. Von da an überquerte sie zweimal in der Woche den Rhein, um auch im Kloster Eibingen ihre Aufgabe als Äbtissin wahrzunehmen. Im Zuge der Säkularisation wurde das Kloster 1802 aufgehoben, später geräumt und die Gebäude teilweise abgerissen.

Die Grundsteinlegung des heutigen Klosters erfolgte am 2. Juli 1900 und vier Jahre später zogen wieder die ersten Benediktinerinnen, die sich in der Nachfolge der hl. Hildegard von Bingen sehen, im Kloster Eibingen ein.

Nach dem sehr empfehlenswerten Besuch des Klosterladens schlendern Sie an den Mauern der Abtei St. Hildegard entlang und biegen an deren Ende links ab. Nach ca. 140 m haben Sie die Weggabelung von vorhin erreicht. Sie halten sich rechts und wandern auf breitem, asphaltiertem Weg leicht bergab Richtung Rüdesheim.

Links sehen Sie die Pfarrkirche Eibingen, in der sich der Hildegardis-Schrein befindet, in dem Reliquien der hl. Hildegard von Bingen aufbewahrt sind.

Nach 900 m gelangen Sie an eine Autostraße, an der Sie links abbiegen. Ca. 50 m nach dem Ortsschild Rüdesheim biegen Sie rechts in die Straße Am Engergraben ab und sehen nach 200 m ↳ rechts das Weingut Adolf Störzel mit seinem 100 m entfernten Gutsausschank.

✕ Domus Torculorum, Am Engergraben 14, 65385 Rüdesheim am Rhein, ☏ 067 22/937 53 59, 💻 www.domus-torculorum.de, April-Okt Di-So ab 16:00, Mo Ruhetag

Sie biegen links ab, gelangen über den Parkplatz in die Germaniastraße und wandern auf bekanntem Weg wieder zum Bahnhof von Rüdesheim.

21 Niederwald und Zauberhöhle

Tour für Familien

Diese leichte Wanderung führt Sie von Rüdesheim durch die Weinberge zum Niederwalddenkmal. Unweit dieses weltberühmten Monuments befindet sich der Park des Grafen von Ostein. Der Rheinsteig – oder als Variante ein breiter Waldweg – bringt Sie zu dessen Attraktionen: der künstlichen Ruine Rossel und der Zauberhöhle. Sie haben die Möglichkeit, die Tour mit zwei Seilbahnfahrten zu verkürzen, und könnten diesen perfekten Wandertag vervollständigen, indem Sie mit dem Schiff zurück nach Rüdesheim fahren.

→ Start: Talstation der Seilbahn in Rüdesheim, Oberstraße 37, GPS N 49°58,771' E 007°55,285'; Ziel: Sessellift Assmannshausen, Niederwaldstraße 34, GPS N 49°59,307' E 007°52,100'

7,8 km (mit Seilbahn 4,3 km)

ca. 3 Std. (mit Seilbahn ca. 1 Std. 15 Min.)

↑↓ 404 m/391 m (mit Seilbahn 130 m/190 m)

87- 333 m

Weinpfad, Rheinsteig, Schilder im Park

Der Aufstieg zum Niederwalddenkmal führt auf Wirtschaftswegen und über Treppen durch die Weinberge. Die Hauptwege durch den Park sind schattig und leicht begehbar, die Wanderung entlang des Rheinsteigs ist anspruchsvoller, bietet aber schöne Panoramablicke auf den Rhein.

Weinlokal Rebenhaus (km 1,7), Am Niederwald (km 1,9), Zur Alten Bauernschänke (km 7,8)

Rastplatz mit Blick auf Bingen (km 3,1), Rastplatz Laadhütt mit elektronischem Weinkeller (km 3,6)

Die Zauberhöhle (km 5,2) zu erkunden ist für Kinder sehr aufregend. ☺ Taschenlampe mitnehmen. Auch die Adlerwarte (km 2,2), die Ruine Rossel (km 4,6) und der Wildtierpark (km 5,8) sind für Kinder spannend. Die Zauberhöhle ist in den Wintermonaten geschlossen.

Buggys werden mit der Seilbahn und dem Sessellift gratis transportiert. Der Fußweg zum Niederwalddenkmal ist für Buggys sehr beschwerlich: steil und viele Stufen.

Die Seilbahnen sind für Hunde nicht zu empfehlen, ansonsten ist der Weg auch für Hunde schön.

P Es gibt große, gebührenpflichtige Parkplätze in Rüdesheim am Bahnhof oder in der Straße Am Eibinger Tor (€ 1,5 pro Std., max. 10 Std.)

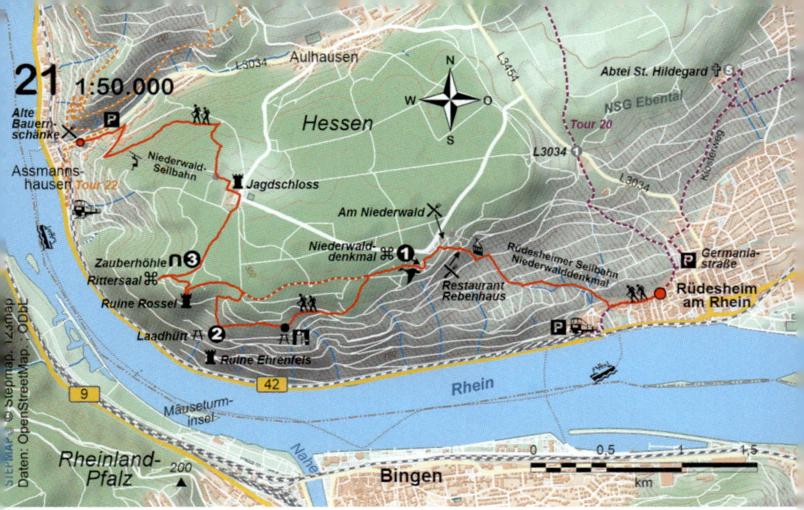

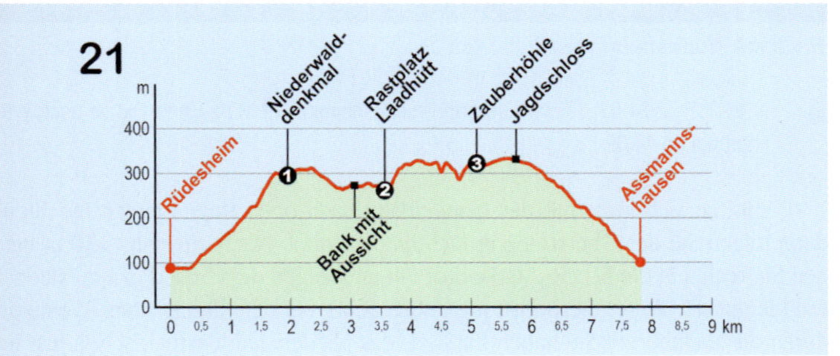

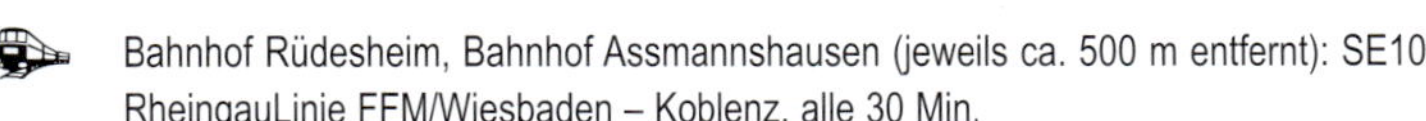

Bahnhof Rüdesheim, Bahnhof Assmannshausen (jeweils ca. 500 m entfernt): SE10 RheingauLinie FFM/Wiesbaden – Koblenz, alle 30 Min.

Schiffsanleger in Assmannshausen, Rheinuferstraße, und Rüdesheim, Rheinstraße, (Bingen-Rüdesheimer), ☺ Das Ringticket beinhaltet die Benutzung beider Seilbahnen und die Schifffahrt, Preis: € 17, Kinder € 8,50, eine einfache Fahrt Rüdesheim – Assmannshausen oder Assmannshausen – Rüdesheim kostet € 9, Kinder € 6.

☺ kombinierbar mit Tour 20: Rüdesheimer Kloster-Runde und Tour 22: Assmannshäuser Höllenberg

Sie beginnen diesen Ausflug an der Talstation der Seilbahn in Rüdesheim, mit der Sie den Weg abkürzen können.

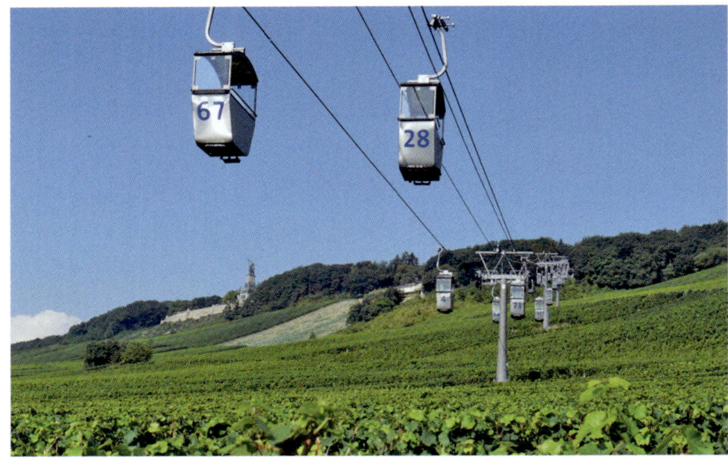

Seilbahn Rüdesheim

☏ 067 22/24 02, www.seilbahn-ruedesheim.de, März-Ende Okt, je nach Witterung, ab 10:00

Wenn Sie sich nicht mit der Gondelbahn nach oben tragen lassen möchten, dann folgen Sie der Oberstraße in Richtung Bahnhof. Nach ungefähr 350 m biegen Sie rechts in die Straße Am Feldtor ein und folgen dem Schild „Zum Niederwalddenkmal". Wenn die Bebauung endet, führt Sie der Rüdesheimer Weinpfad durch die Weinberge. Sie haben Ihr Ziel, das Niederwalddenkmal, schon fest im Blick und wandern gemütlich durch die Weinberge. Es gibt ein Steilstück und ein paar Stufen zu überwinden und kurz vor dem Ziel wartet eine Herausforderung in Form von ca. 200 Stufen auf Sie, die es zu erklimmen gilt.

Restaurant Rebenhaus, Am Niederwalddenkmal 2, 65385 Rüdesheim, ☏ 067 22/496 70 60, www.das-rebenhaus.de, info@das-rebenhaus.de, Di-So 11:00-18:00, Mo Ruhetag, Öffnungszeiten sind witterungsabhängig, bitte vorher nachfragen

An der Gaststätte vorbei führt der Treppenweg weiter zur Bergstation der Seilbahn, an der sich ein griechisch anmutender Aussichtstempel befindet. Dieser Tempel ist 1788 erbaut worden und gehörte damals, wie die Zauberhöhle und die Ruine Rossel, zum Landschaftspark des Grafen von Ostein.

✕ Am Niederwald, Restaurant und Imbiss, Am Niederwald 4, 65385 Rüdesheim, ☏ 067 22/710 33 70, 💻 www.am-niederwald.de, Restaurant und Panoramaterrasse Mi-So 12:00-18:00, Imbiss tägl. 10:00-18:00, Öffnungszeiten sind witterungsabhängig

Nach nur 200 m stehen Sie dann vor dem monumentalen Bauwerk des Niederwalddenkmals ❶.

⌘ Niederwalddenkmal (km 2,2). Das 1883 eingeweihte Denkmal sollte an die Gründung des Deutschen Kaiserreichs erinnern und zieht seitdem viele Touristen aus aller Welt an.

Direkt hinter dem Denkmal befindet sich eine Adlerwarte.

Adlerwarte Niederwald, Am Niederwalddenkmal, 65385 Rüdesheim am Rhein, ☏ 067 22/473 39, 💻 www.adlerwarte-niederwald.de, 10:00-12:30 und 15:00-17:00, Flugtraining ab 14:00, je nach Wetterlage

Hinter der Adlerwarte weisen Ihnen große Holzschilder den Weg: „Rossel und Zauberhöhle, 30 Min." An der nächsten Wegkreuzung können Sie sich entscheiden: Wollen Sie auf einfachem, ebenem Weg zur Zauberhöhle wandern, dann gehen Sie geradeaus. Wählen Sie den Weg nach links, dem Rheinsteig folgend, ist der Weg länger und anstrengender, aber auch schöner. Der Pfad führt erst ordentlich bergab und dann parallel zum Hang, bis Sie den ersten Rastplatz erreichen (km 3,1).

Von hier haben Sie einen schönen Blick auf das gegenüberliegende Bingen, die Nahe-Mündung und die Drusus-Brücke.

Nach nur 500 m gelangen Sie an den zweiten Rastplatz ❷ (km 3,6), den Rastplatz Laadhütt, der mit einer Überraschung aufwartet. Nach dieser Rast und der Möglichkeit, ein gekühltes Fläschchen Wein zu genießen, sehen Sie schon den Turm der Ruine Rossel aus den Baumspitzen hervorlugen. Gut beschildert führt Sie der Weg zu dem Bauwerk, das der Graf von Ostein um 1774 als Ruine bauen ließ (km 4,5).

Im Jahr 1763 beerbte Graf Karl Maximilian von Ostein seinen Onkel, den Erzbischof von Mainz. Graf Maximilian, der ohnehin schon begütert war, ließ im Laufe der folgenden Jahre im Niederwald einen großartigen Landschaftspark nach englischem Vorbild entstehen.

Der Tempel am Niederwalddenkmal, das Jagdschloss, eine Eremitage, der Rittersaal, die künstliche Ruine Rossel und die Zauberhöhle wurden zwischen 1764 und 1790 erbaut. Der Park und seine Attraktionen waren damals dem Grafen und seinen Gästen vorbehalten. Nur ab und zu wurde der Park für die Öffentlichkeit zugänglich gemacht.

An der Ruine vorbei führt der Weg zum Rittersaal, wo einst ein kleiner Bau mit gotischen Fenstern und einem Kreuzgewölbe stand. Heute sind nur noch die Grundmauern des ⌘ Rittersaals (km 4,9) zu sehen, aber die Aussicht ist genauso spektakulär wie damals.

300 m weiter haben Sie die Zauberhöhle erreicht ❸.

⌘ Zauberhöhle (km 5,2). Die Zauberhöhle ist ein ca. 60 m langer, gewundener Gewölbegang, der in der Zauberhütte endet. Nachdem sie einige Zeit geschlossen war, darf sie jetzt wieder begangen werden. Ob mit oder ohne Taschenlampe, es ist allemal eine Mutprobe.

Zauberhöhle

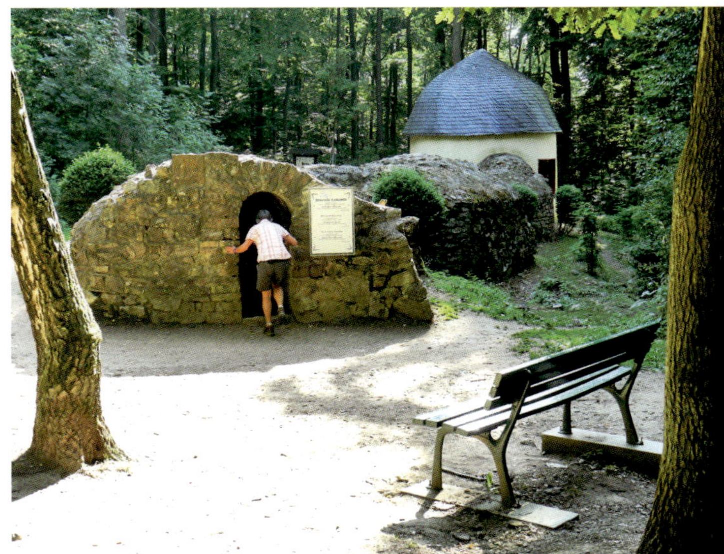

Der Graf, der einen Hang zu verspielten Effekten hatte, führte seine Gäste vom Jagdschloss zur Zauberhöhle. Dann ließ er sie im Kerzenlicht durch das dunkle Gewölbe schleichen. Es glitzerte und funkelte überall, denn in dem Gewölbegang waren Spiegelstücke angebracht. Der Graf und seine Gäste kamen in der abgedunkelten Zauberhütte an. Nach und nach öffnete der Graf die drei Fenster und gab so die exakt ausgewählten Blickachsen auf das Rheintal, die Burgen und den Rittersaal frei. Es war die perfekte Landschaftsinszenierung.

Blick vom Rittersaal

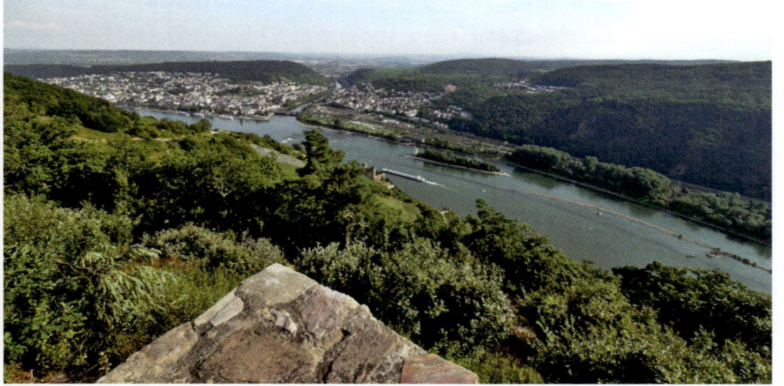

Der Weg führt Sie nun weiter gut beschildert am Jagdschloss vorbei und am Wildtierpark entlang zur Bergstation des Sessellifts. Sie können sich entweder mit tollem Ausblick auf den Rhein hinuntertragen lassen, oder Sie nehmen den Rheinsteig, der Sie rechts von der Sesselbahnstation nach unten führt.

☏ 067 22/27 65, www.seilbahn-assmannshausen.de, März-Ende Okt, je nach Witterung, ab 10:00

Durch einen lauschigen Wald wandern Sie nach Assmannshausen, wo diese Wanderung an der Talstation der Sesselbahn endet.

Alte Bauernschänke, Niederwaldstraße 23, 65385 Assmannshausen, ☏ 067 22/499 90, www.altebauernschaenke.de, April-Okt ab 11:00, warme Küche 12:00-14:30 und 18:00-21:30

Anleger der Bingen-Rüdesheimer: Brücke 3 in Assmannshausen, 3 x tägl., genauer Fahrplan unter www.bingen-ruedesheimer.de

22 Assmannshäuser Höllenberg

Tour für Genießer und Naturfreunde

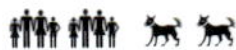

Der Rheingau ist bekannt für seine exzellenten Rieslingweine. Doch wer weiß schon, dass hier auch eine der bekanntesten Rotweinlagen Deutschlands liegt? Diese Rundwanderung führt Sie über den Assmannshäuser Höllenberg, eine Weinlage, in der ausgezeichneter Spätburgunder gedeiht. Nach einem Abstecher zum Weinhaus Flaschenhals bringt Sie der Rheinsteig durch das Naturschutzgebiet Teufelskadrich zurück nach Assmannshausen.

Für Familien bietet sich eine kurze Variante über Aulhausen und den Rheinsteig an.

Start/Ziel: Bahnhof Assmannshausen, GPS N 49°59.131‘ E 007°52.017‘

16,6 km (7,3 km)

6 Std. (3 Std.)

820 m/820 m (303 m/303 m)

83-406 m (83-307 m)

Riesling-Pfad, H 7, Rheinsteig

Der Rheinsteig führt kurz vor Assmannshausen über Naturpfade und eine kurze, drahtgesicherte Felspassage.

Weingut Robert König (50 m ab km 3), Landgasthof Germania (700 m ab km 3), Weinhaus Freistaat Flaschenhals (km 9,7), Gasthaus Alte Bauernschänke (am Start/Ziel)

Bank (km 3,8), Weberhütte (km 6,4), Paul-Claus-Hütte (km 12), Rotweinlaube (km 15)

kurze Variante möglich

Für Buggys nicht empfehlenswert.

Der Weg führt zum großen Teil durch Naturschutzgebiet, Hunde sollten deshalb an der Leine geführt werden.

Höllenbergstraße (km 0,7, GPS N 49°59.366‘ E 007°52.263‘), alternativer Startpunkt

SE10 RheingauLinie FFM/Wiesbaden – Koblenz, alle 30 Min.

kombinierbar mit Tour 21: Niederwald und Zauberhöhle

Vom Bahnhof in Assmannshausen gehen Sie zunächst die Bahnhofstraße entlang, halten sich rechts, überqueren den Bahnübergang und befinden sich nun direkt im Zentrum von Assmannshausen.

Am Gasthaus Alte Bauernschänke halten Sie sich links in Richtung Aulhausen.

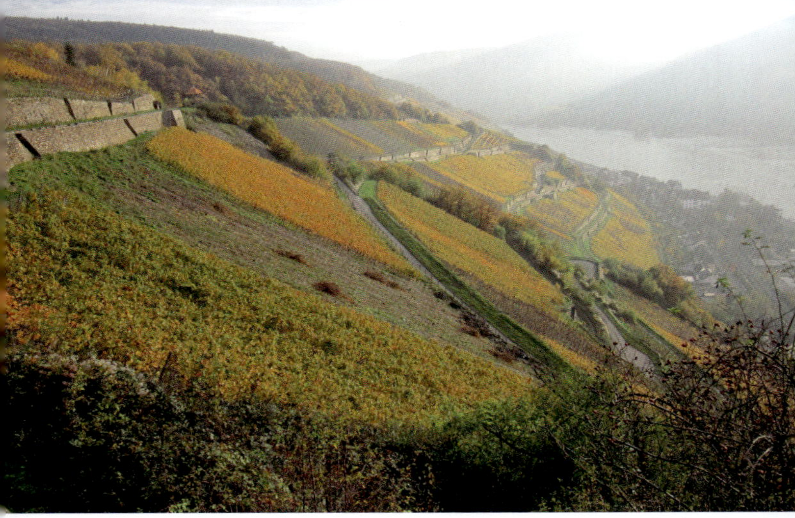

Blick auf den Assmannshäuser Höllenberg

✕ Alte Bauernschänke, Niederwaldstraße 23, 65385 Assmannshausen, ☏ 067 22/499 90, 💻 www.altebauernschaenke.de, 🚪 April-Okt ab 11:00, warme Küche 12:00-14:30 und 18:00-21:30

Sie gehen die Höllenbergstraße entlang, bis Sie am Ortsausgang von Assmannshausen an einen **P** Parkplatz gelangen (Höllenbergstraße, km 0,7).

Hoch über Ihnen prangt in goldenen Lettern der Schriftzug „Assmannshäuser Höllenberg“ mitten im Weinberg und dahin führt Sie auch der Weg. Sie biegen links auf die asphaltierte Straße ab, die in den Weinberg führt, und folgen der Markierung „Rheinsteig, Zur Rotweinlaube“. Der Weg schraubt sich zügig in die Höhe und schnell haben Sie eine schöne Sicht auf Assmannshausen, den Rhein und die gegenüberliegende Burg Rheinstein.

Der Assmannshäuser Höllenberg ist eine der bekanntesten Rotweinlagen Deutschlands. Auf Rheinischem Schiefergestein wird hier in extremen Steillagen schon seit Jahrhunderten Spätburgunder angebaut, dessen hervorragende Qualität bei Weinkennern in der ganzen Welt geschätzt wird.

Nicht nur das allgemein milde Klima des Mittelrheintales, sondern vor allem die Tonschieferböden des Höllenbergs sind für diese Qualität verantwortlich. Sie speichern tagsüber die Sonnenenergie und geben sie abends, wenn es kühler wird, an die Reben ab. So entsteht eine gleichmäßige Wärmezufuhr, wie sie sonst nur in einem Gewächshaus möglich ist, und das lässt große Weine entstehen.

Direkt unter dem mächtigen Schriftzug ❶ verlassen Sie den Rheinsteig und folgen ab jetzt der Markierung „H 7", die Ihnen in unregelmäßigen Abständen, aber durchaus kreativ den Weg weist.

Sie wandern auf halber Höhe des Weinbergs das Tal entlang in Richtung Aulhausen und erkennen rechts unten an der Straße das altehrwürdige Gebäude der Hessischen Staatsweingüter, Domäne Assmannshausen. An der Weggabelung bei Aulhausen finden Sie an einem hölzernen Strommast mehrere aufgemalte Markierungen, unter anderem „H 7". Hier biegen Sie links ab.

Der Weg nach rechts bringt Sie zum renommierten Weingut Robert König (50 m) und nach Aulhausen (700 m).

Robert König, Landhaus Kenner, 65385 Rüdesheim/Aulhausen, ☏ 067 22/10 64, www.weingut-robert-koenig.de, Weinverkauf: Mo-Fr 8:00-12:00 oder nach Vereinbarung, Straußwirtschaft: Mai und Sep Sa und So ab 11:00, genaue Termine variieren jährlich, bitte erfragen

Landgasthaus Germania, Hauptstraße 43, 65385 Rüdesheim/Aulhausen, ☏ 067 22/22 64, www.landgasthof-germania.de, Di-So ab 17:30, Gruppen ab 20 Personen nach Absprache auch außerhalb der Öffnungszeiten

Der Weg H 7 führt durch offene Felder und Obstplantagen, vorbei an Pferdekoppeln und Weiden mit Schafen und Ziegen.

Es gibt unterwegs an einem umgebauten Kaugummiautomaten ❷ für € 0,20 Pferde- oder Ziegenfutter zu kaufen, an dem die Tiere sehr interessiert sind. Kinder haben Spaß am Füttern.

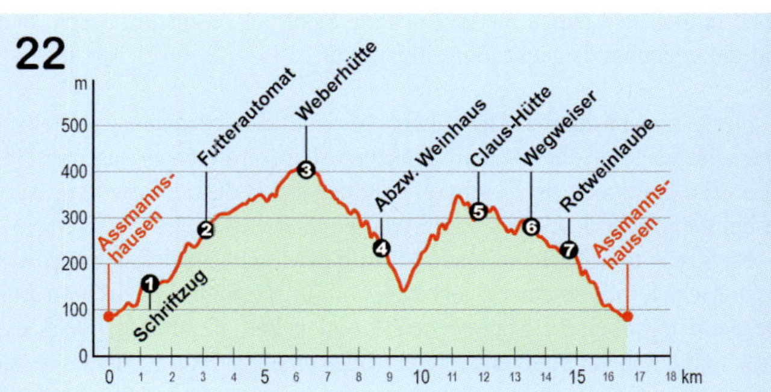

Kurz nach einer Schranke erreichen Sie einen hübschen Rastplatz, eine ⛩ Bank (km 3,8).

Wenn Sie hier geradeaus weitergehen, haben Sie in 400 m den Rheinsteig ❻ erreicht, der Sie nach links über einen schmalen, abenteuerlichen Naturpfad und durch Weinberge zurück nach Assmannshausen bringt. Eine ideale Abkürzung für Wanderer mit etwas älteren Kindern, die trittsicher sind und Spaß am Klettern haben.

Sie halten sich am Rastplatz rechts und folgen der Markierung H 7 in den Wald. Der Wanderweg führt Sie zum großen Teil durch Buchen- und Eichenwald, aber auch durch skandinavisch anmutende Birkenbestände, bis Sie ca. 2,5 km nach dem Rastplatz einen breiten Forstweg erreichen, an dem Sie links abbiegen.

Nach ca. 400 m macht der Weg eine scharfe Rechtskurve. Hier verlassen Sie die Markierung H 7. Der schmale Stichweg nach links bringt Sie zu einem hübschen Aussichtspunkt mit der Weberhütte ❸ (km 6,4).

Zurück an der Kreuzung folgen Sie nicht der Markierung

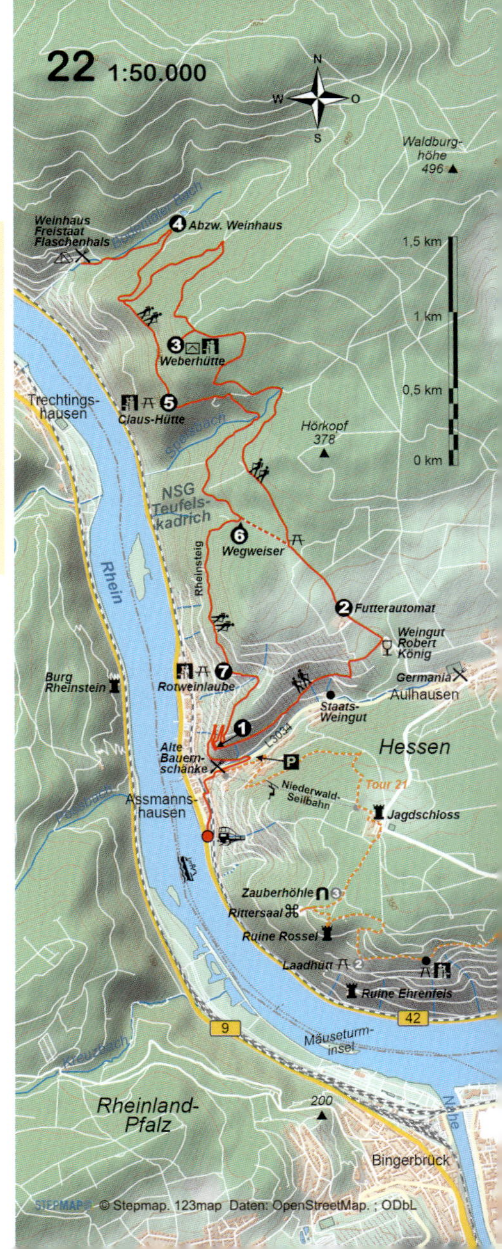

H 7, sondern biegen links auf den unmarkierten Forstweg ab, der leicht bergab führt. Sie wandern gemütlich bergab, bis Sie nach ca. 850 m auf eine unmarkierte Forststraße stoßen, an der Sie die Spitzkehre nach links, leicht bergab, nehmen. Nach weiteren 900 m haben Sie den Rheinsteig erreicht, an dem Sie rechts abbiegen, wenn Sie an einer Einkehr im Weinhaus Freistaat Flaschenhals interessiert sind.

Dazu folgen Sie dem Rheinsteig in Richtung Lorch für ca. 800 m, dann zweigt ein unscheinbarer Pfad nach links ins Bodental ab ❹. Dieser Pfad führt recht steil bergab und nach ca. 700 m haben Sie das Weinhaus, das zu einem Campingplatz gehört, erreicht. Hier erwarten Sie landestypische Küche und ein Gläschen Wein aus eigenem Anbau.

Weinhaus Freistaat Flaschenhals, Im Bodenthal 2, 65391 Lorch, ☏ 067 26/83 94 02, www.weinhausflaschenhals.de, März-Okt Sa und So 13:00-22:00, Di, Mi und Fr 17:00-22:00, Mo und Do Ruhetag, Nov-Feb geschlossen

Nach der Pause wandern Sie den schmalen Pfad entlang des Bodentaler Baches wieder bergauf, bis Sie wieder an den Rheinsteig gelangen und rechts in Richtung Assmannshausen abbiegen. Große Teile des Waldes gehören hier zum Projekt Naturwaldreservat, in dem nichts mehr durch menschliche Eingriffe verändert wird. Abgestorbene und umgefallene Bäume bleiben liegen und so entsteht unter wissenschaftlicher Beobachtung der Urwald von morgen. Der gut beschilderte Rheinsteig führt Sie durch das beeindruckend schöne Naturschutzgebiet Teufelskadrich.

Die passieren den Rastplatz Paul-Claus-Hütte ❺ (km 11,9).

Das Gebiet um den Teufelskadrich zwischen Assmannshausen und Lorch wurde 1995 als Naturschutzgebiet ausgewiesen und ist seit 2004 als Natura-2000-Gebiet sogar ein Naturschutzgebiet von europaweiter Bedeutung. Auf den über 300 m steil in das Rheintal abfallenden Hängen findet man zahlreiche Felsköpfe sowie Stein- und Blockschutthalden, die seltener Flora und Fauna ein Zuhause bieten. So kann man z. B. Mauereidechsen oder seltene Schmetterlinge entdecken.

Naturnahe, krüppelwüchsige Eichenwälder, die seit Jahrzehnten nicht mehr wirtschaftlich genutzt werden, bestimmen das Bild ebenso wie die Sand-Ginster-Heide, die auch auf diesen Extremstandorten (steile Hänge und schmale Felsbänder) existieren kann.

Am Wegweiser (km 13,6), an dem es geradeaus nach Aulhausen geht, biegen Sie mit dem Rheinsteig rechts ab ❻. Er führt Sie ca. 1 km über Stock und Stein einen abenteuerlichen Naturpfad entlang, bei dem Sie gut zu Fuß sein sollten.

Sie können an dem Wegweiser auch geradeaus gehen und erreichen so nach 400 m den Weg H 7, der Sie auf bekanntem Weg über Aulhausen und durch die Weinberge zurück zum Ausgangsort bringt.

Wenn Sie dem Rheinsteig folgen, müssen Sie auf dem teils abschüssigen Naturpfad mit Stolperfallen rechnen, die sich in Form von großen Steinen oder rutschigen Wurzeln unter dem Laub verstecken. Nach einem Wildschutzgatter gilt es noch ein kurzes Steilstück zu überwinden, das allerdings mit einem Holzgeländer und Drahtseilen sehr gut abgesichert ist.

Sie treten aus dem Wald heraus und der Assmannshäuser Höllenberg liegt in seiner ganzen Pracht vor Ihnen. Nach wenigen Metern haben Sie den Pavillon der Rotweinlaube mit elektronischem Weinkeller ❼ (km 14,8) erreicht.

Mit einem wunderbaren Blick auf den Rhein bringt Sie der bestens markierte Rheinsteig auf asphaltierten Wirtschaftswegen zurück nach Assmannshausen.

Einkehr in der Rotweinlaube

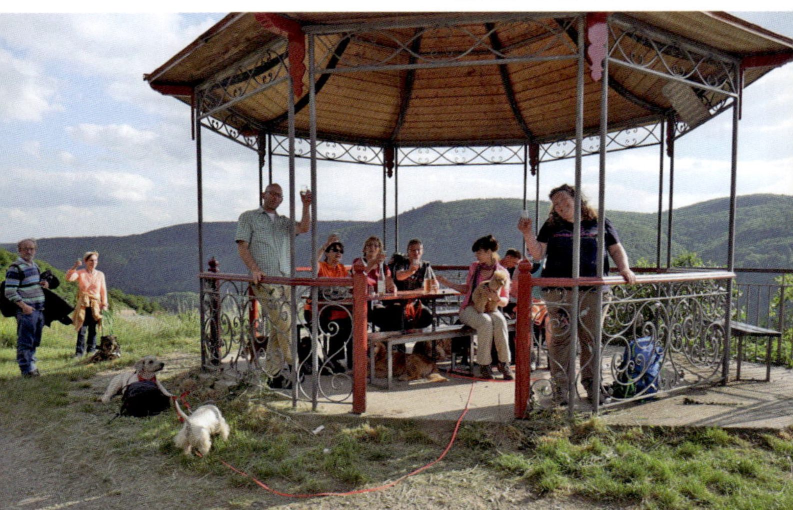

23 Von Lorch über Sauerthal nach Kaub

Tour für Naturliebhaber 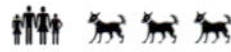

Zu Beginn dieser Streckenwanderung von Lorch nach Kaub sorgen Trockensteinmauern und knorrige Eichen für mediterranes Flair. Nach der Kreuzkapelle führt der Weg entlang des verwunschenen Tiefenbachs nach Sauerthal und zum Schluss bringt Sie der Rheinsteig über die Anhöhe nach Kaub.

→ Start: Bahnhof Lorch, GPS N 50°02.442‘ E 007°48.709‘; Ziel: Bahnhof Kaub, GPS N 50°05.050‘ E 007°46.082‘

14,2 km

ca. 5 Std. 30 Min

↑↓ 618 m/614 m

⇧ 76-414 m

grünes N mit rotem Pfeil, schwarzes R, schwarzes W, Gebück-Wanderweg, Rheinsteig

schattige Waldwege und Naturpfade

Weingut Rössler (km 0,4), Restaurant im Hilchenkeller (km 0,5), Weingut Bernd (km 13,7), Weingut Bahles (km 14). In Lorch und Kaub gibt es zahlreiche Einkehrmöglichkeiten, unterwegs leider nicht. ☺ Rucksackproviant und Getränke für unterwegs mitnehmen!

Rastplatz Wirbeley (km 11,1)

für Kinder etwas zu lang

Nicht geeignet. Die Tour führt zum Teil über naturbelassene Pfade.

Diese Wanderung ist für Hunde perfekt geeignet.

P an der Rheinuferstraße in Lorch, in der Nähe des Abzweigs zur L3033

Bahnhof Lorch, Bahnhof Kaub: RheingauLinie SE10 FFM/Wiesbaden – Koblenz, alle 30 Min.

Linie 191 Lorch – Sauerthal, ca. alle 2 Std., Rufbus, ☏ 061 24/726 59 13, mindestens 90 Min. vorher anmelden, max. 8 Personen

Sie gehen vom Bahnhof aus auf der Rheinuferstraße in Richtung Stadtmitte von Lorch, bis Sie an die Bushaltestelle gelangen. Hier biegen Sie rechts ab, wandern durch eine sehr kleine, schmale Unterführung hindurch und erreichen so die Rheinstraße.

Sie biegen links ab und laufen die Rheinstraße entlang, an der Sie einige schöne Einkehrmöglichkeiten passieren.

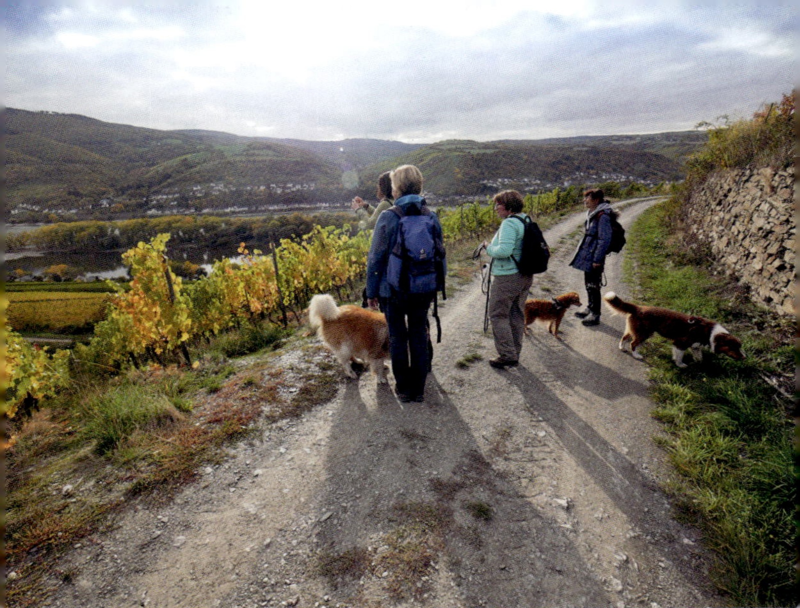

Blick auf Lorch

✕ Weingut Rößler, Rheinstraße 20, 65391 Lorch, ☏ 067 26/16 58, 💻 www.weingut-roessler.de, 🚪 Ende März-Anfang Nov Do-Di ab 14:00, Mi Ruhetag, Ende Nov-Weihnachten Fr, Sa und So ab 16:00, Weihnachten-Ende März geschlossen

♦ Restaurant und Weinkeller im Hilchenkeller, Rheinstraße 8, 65391 Lorch, ☏ 067 26/694 99 37, 💻 www.hilchenkeller.de, 🚪 Mo, Di, Do-Sa ab 17:00, So ab 12:00, Mi Ruhetag

Vorbei am Hilchenhaus und am Strunk, einem historischen Wehr- und Gefängnisturm aus dem 15. Jh., erreichen Sie die Wisperbrücke, die Sie überqueren, und halten sich nach der Brücke rechts. Sie folgen der Wisperstraße entlang der Wisper stadtauswärts. Nach ca. 170 m biegt der Rheinsteig links ab in die Straße Weiselberg. Sie bleiben aber geradeaus in der Wisperstraße, die parallel zur Wisper verläuft. Der Weg ist nun mit einem schwarzen W, einem schwarzen R und einem grünen N mit rotem Pfeil gekennzeichnet.

Ca. 600 m nach der Brücke am Strunk sehen Sie rechts das Schulgebäude der Wisperschule. Hier biegen Sie links ab und gleich wieder rechts in die Straße Wispergrund. Am Ende der Häuser gelangen Sie auf einen schmalen Wiesenpfad, der, von Trockenmauern gesäumt, in den Wald führt.

Das Schiefergestein speichert im Sommer die Wärme und die knorrigen Eichen, die Trockensteinmauern und die Eidechsen, die über den Weg flitzen, verbreiten mediterranes Flair. Erst leicht bergauf und dann in ein paar Serpentinen bergab führt Sie der Weg zum Tiefenbach, an dem die ✞ Kreuzkapelle ❶ steht (km 3,2).

Im Jahr 1460 fand eine Schlacht zwischen den Lorchern und dem Herrn der Sauerburg statt. Dieser war mit seinen Gefolgsleuten in die Gemarkung Lorch eingefallen, um Vieh zu rauben. Die Lorcher überwältigten die Gegner und errichteten zum Gedenken an die siegreiche Schlacht an der Stelle, an der der Sauerthäler Tiefenbach ins Wispertal mündet, ein Kreuz.

Später ließ der Ritter Boos von Waldeck, nachdem er von einer schweren Krankheit genesen und durch den frommen und bescheidenen Küster Ambrosius von Lorch zu Gott gefunden hatte, an dieser Stelle eine Kapelle bauen.

Vom Serpentinenweg kommend liegt die Kreuzkapelle rechts von Ihnen. Um dem Wanderweg nach Sauerthal zu folgen, biegen Sie hier links ab und wählen dann den rechten der beiden Wege, der leicht bergab führt und parallel zum Tiefenbach verläuft. Nach 700 m erreichen Sie eine Weggabelung, an der Sie dem Weg, der rechts nach Sauerthal führt, folgen. Ihr Weg ist zwar offiziell mit einem grünen N mit rotem Pfeil oder einem schwarzen R oder W gekennzeichnet, aber generell sind die Markierungen auf diesem Teilstück leider oft gut versteckt und Sie müssen die Augen offen halten.

Der Weg entlang des Tiefenbachs ist von Farnen, Moosen und Flechten gesäumt. So bildet der feuchte, kühle Bachgrund einen interessanten Gegensatz zum trockenen, heißen, mediterranen Beginn der Wanderung.

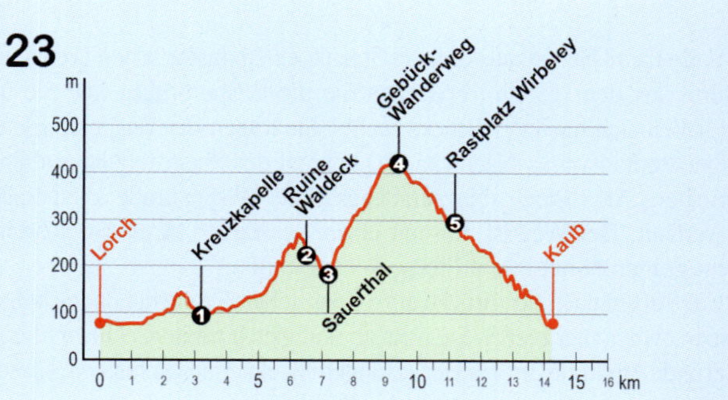

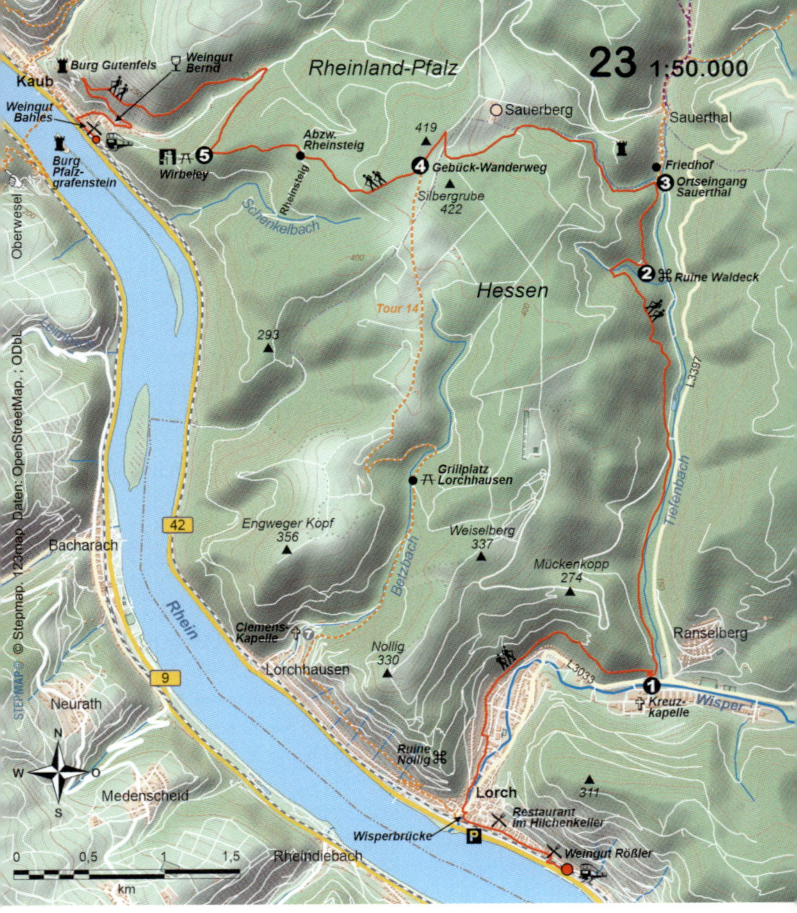

Sie überqueren eine asphaltierte Privatstraße, die sogenannte Panzerstraße, und nehmen an der nächsten Weggabelung den linken der beiden Wege, der nach oben führt. Der Weg führt Sie stetig bergauf, bis Sie die ⌘ Ruine Waldeck ❷ (km 6,6) erreichen. Ein steiler Treppenweg führt rechts zur Ruine hoch. Dieser kleine Abstecher ist absolut lohnenswert und regt die Fantasie an.

Ca. 700 m nach dem Abstecher zur Ruine Waldeck erreichen Sie den ❸ Ortseingang von Sauerthal. Vor dem Friedhof biegen Sie links ab und folgen ab jetzt dem Gebück-Wanderweg, der mit zwei ineinander verhakten Bäumen gekennzeichnet ist.

Der schmale Wiesenweg ist teilweise mit Brennnesseln und Brombeeren überwuchert und wer kurze Hosen trägt, wird die eine oder andere schmerzhafte Begegnung mit diesem Gestrüpp machen. Wo der Wiesenpfad auf einen breiten Forstweg trifft, biegen Sie rechts ab und folgen weiter dem gut beschilderten Gebück-Wanderweg. Der nach links ausgewiesene Gasthof Silbergrube ist leider schon seit langer Zeit geschlossen.

An der Tafel Nummer 20 des Gebück-Wanderweges beschreibt der Weg eine Spitzkehre nach links auf einen breiten Wiesenweg. Nach ca. 300 m verlassen Sie den Gebück-Wanderweg ❹, der weiter geradeaus über die Hochebene führt, und biegen rechts ab, in einen unscheinbaren Pfad, der parallel zum Waldrand verläuft. Nach ca. 120 m führt der Weg, nun gut erkennbar, an einer Schranke vorbei in den Wald. Der Weg ist ab jetzt mit einem stilisierten gelben R sehr gut als Rheinsteig-Zustiegsweg gekennzeichnet.

An einer Kreuzung (km 10,3) stoßen Sie auf den Rheinsteig und folgen ab jetzt der Markierung des Rheinsteigs nach Kaub.

Auf dem Rheinsteig nach links abbiegend, würden Sie in 9,2 km Lorch erreichen.

Der bestens markierte Rheinsteig führt Sie auf dem Weg nach Kaub zum nächsten Aussichtspunkt, der Wirbeley (km 11,1) ❺.

Rechts haben Sie einen schönen Blick auf Kaub mit seiner Burg Gutenfels und auf der gegenüberliegenden Rheinseite erkennen Sie Oberwesel mit der Stiftskirche und Burg Schönburg. Links sehen Sie die Rheinschleife und das auf einer Insel im Rhein liegende NSG Lorcher Werth.

Ca. 750 m nach dem Rastplatz überqueren Sie eine Straße und biegen links ab. Sie gehen über einen großen Parkplatz und halten sich an den Tennisplätzen links. Mit einem wunderbaren Blick auf die Burg Pfalzgrafenstein, die mitten im Rhein liegt, wandern Sie auf dem Rheinsteig durch die Weinberge.

An der in Privatbesitz befindlichen Burg Gutenfels folgen Sie dem Rheinsteig in einer Spitzkehre nach unten. Hier geben einige interessante Hinweistafeln Infos zum Erhalt des Weltkulturerbes Oberes Mittelrheintal.

Wurden früher zwischen Rüdesheim und Lorch selbst die steilsten Hänge mit Trockensteinmauern befestigt, um Ertragsflächen für den Weinanbau zu schaffen, so ist in den vergangenen 30 Jahren ein deutlicher Rückgang der Anbaufläche zu beobachten. Die nicht mehr bewirtschafteten Weinberge begannen zu verbuschen und die Trockensteinmauern zu bröckeln, was die Flora und Fauna in diesem schützenswerten Gebiet stark beeinträchtigte.

Für den Naturschutz und um das einzigartige Landschaftsbild des Weltkulturerbes Oberes Mittelrheintal zu erhalten, werden seit 2008 Ziegen als Landschaftspfleger eingesetzt. Die Ziegen, robust und witterungsunempfindlich, können auch in einfachen Koppeln in den extremen Steillagen gehalten werden und sind mit dem teilweise wenig schmackhaften und stacheligen Gesträuch der ehemaligen Weinberge voll und ganz zufrieden.

Vielleicht begegnen Ihnen auf Ihrem Weg entlang des Rheinsteiges hin und wieder die eifrigen vierbeinigen Landschaftspfleger.

Sie gelangen nach Kaub und biegen rechts in die Adolfstraße ein.

Weingut Bernd, Adolfstraße 25, 56349 Kaub, ☏ 067 74/15 42, www.weingut-bernd.com, Straußwirtschaft saisonal geöffnet, bitte vorher anrufen

Die Adolfstraße führt sehr steil nach unten zu den Bahngleisen. Hier biegen Sie links ab und haben nach 200 m den Bahnhof Kaub, das Ziel der Wanderung, erreicht.

Weingut Bahles, Bahnstraße 10, 56349 Kaub, ☏ 067 74/258, www.weingut-bahles.de, Straußwirtschaft saisonal geöffnet, bitte vorher anrufen, um Reservierung wird gebeten

Blick auf Kaub

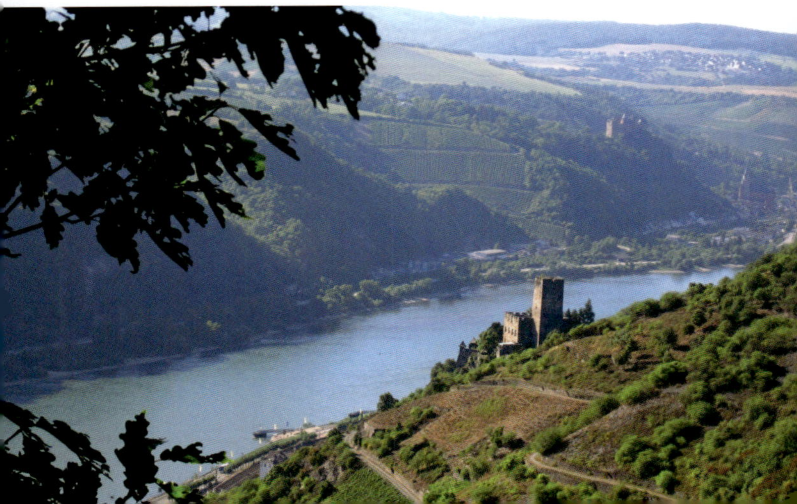

24 Durchs wildromantische Urbachtal

Für Naturliebhaber

Von Dörscheid aus wandern Sie auf unmarkierten, aber leicht zu findenden Wegen ins tief eingeschnittene Urbachtal hinab. Erst am Urbach entlang und dann über weite Höhen führt Sie diese abwechslungsreiche, kurzweilige Rundwanderung nach Bornich. Nach einer Rast bringt Sie der Rheinsteig wieder zum Urbach, der Sie zurück nach Dörscheid begleitet.

Start/Ziel: Parkplatz Oberstraße in Dörscheid, GPS N 50°06.460‘ E 007°45.167‘
9,1 km
ca. 4 Std.
445 m/445 m
132-335 m
teils keine Markierung, schwarzes R, Rheinsteig
sehr abwechslungsreiche Wege: im Urbachtal schattige Pfade, der Anstieg nach Bornich über freie Felder und auf dem Rheinsteig schöne Ausblicke auf den Rhein
Gasthof Zum Rosengarten (150 m von km 3,5), Gasthof Markstübchen (230 m von km 4), Fetz – Das Loreleyhotel (500 m von Ziel/Start)
Talgrund (km 1), Bank mit Aussicht (km 5,3)
kurzweilige, aber anstrengende Tour
Die schmalen Wiesenpfade und der Rheinsteig sind für Buggys nicht geeignet.
Nach Bornich beginnt ein Naturschutzgebiet, Hunde sollten an der Leine bleiben.
am Start/Ziel
Der Startpunkt der Tour ist leider nicht mit dem ÖPNV zu erreichen.
kombinierbar mit Tour 25: Blick über den Tellerrand

Dörscheid ist ein hübsches, kleines Dorf, das 4 km von Kaub entfernt oben auf der Rheinhöhe liegt. Mitten im Dorf, ca. 500 m nach dem Gasthof Blücher, befindet sich in der Oberstraße ein sehr gepflegter Wanderparkplatz. Hier beginnt diese Wanderung.

Von der Oberstraße biegen Sie rechts ab, überqueren die Unterstraße und gehen an einem hübschen Holzhaus mit blauem Zaun geradeaus leicht bergab. Direkt unter Ihnen liegt das tief eingeschnittene Urbachtal und wenn Sie genau durch die Bäume schauen, erkennen Sie in der Ferne den Kirchturm von Bornich.

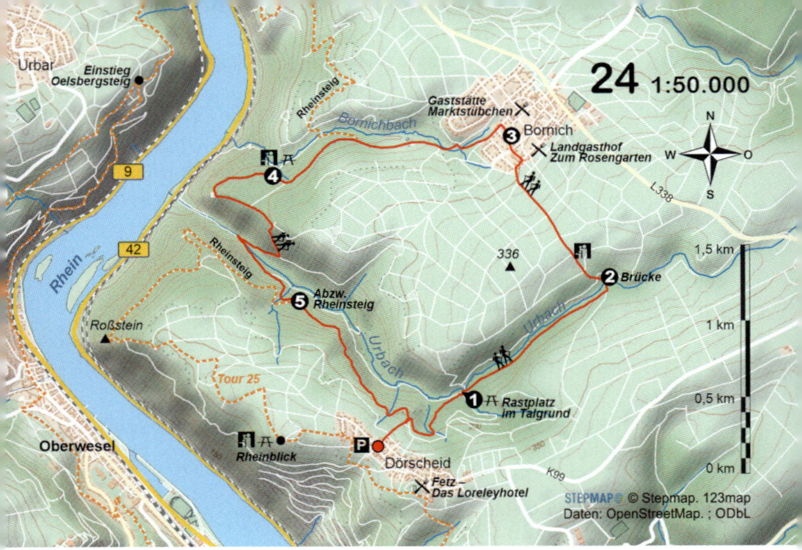

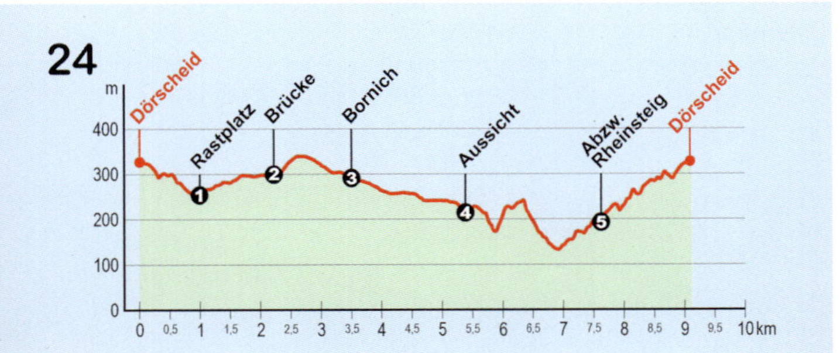

Der unmarkierte Feldweg führt Sie an dem Haus mit der Nummer 46 vorbei und Sie wandern immer geradeaus. Nach ca. 350 m ist der Weg zu Ende und Sie biegen rechts auf einen breiten Wiesenweg ab, der weiter bergab führt. Nach ca. 250 m wird der Wiesenweg schmaler, Sie bleiben auf dem Pfad, der bergab führt. Weitere 500 m später haben Sie den wildromantischen Talgrund ❶ erreicht, an dem eine Brücke über den Urbach führt und Bänke und ein Tisch zur Rast einladen (km 1).

Nach der Rast in dem malerischen, kühlen Talgrund, wo mehrere Bäche zusammenfließen, nehmen Sie den Weg, der hinter der Bank parallel zum Urbach verläuft. Sie wandern ca. 1,3 km am idyllischen Urbach entlang, bis der Weg links abbiegt und eine Brücke Sie über den Bach führt ❷.

Der Weg steigt nun wieder an und bald haben Sie die für diese Gegend typischen offenen Höhen erreicht. Mit einem weiten Blick wandern Sie durch Wiesen und Felder nach Bornich ❸. Hier biegen Sie erst rechts in die Jahnstraße ab und nach weiteren 50 m der Markierung „schwarzes R“ folgend links in den Winzerweg.

↬ Wenn Sie geradeaus auf der Jahnstraße bleiben, erreichen Sie in 150 m den Gasthof Zum Rosengarten.

✕ Landgasthof Zum Rosengarten, Jahnstraße 12, 56348 Bornich, ☎ 067 71/26 24, Fr und Sa 17:00-20:00, So 12:00-20:00, um Reservierung wird gebeten

Der Winzerweg bringt Sie nach ca. 100 m zu einem Hinweisschild und Sie folgen der Straße weiter leicht bergab.

↬ Wenn Sie hier rechts abbiegen, stoßen Sie auf die Langgasse. Links abbiegend kommen Sie nach 230 m zum Gasthof Marktstübchen.

Unterwegs

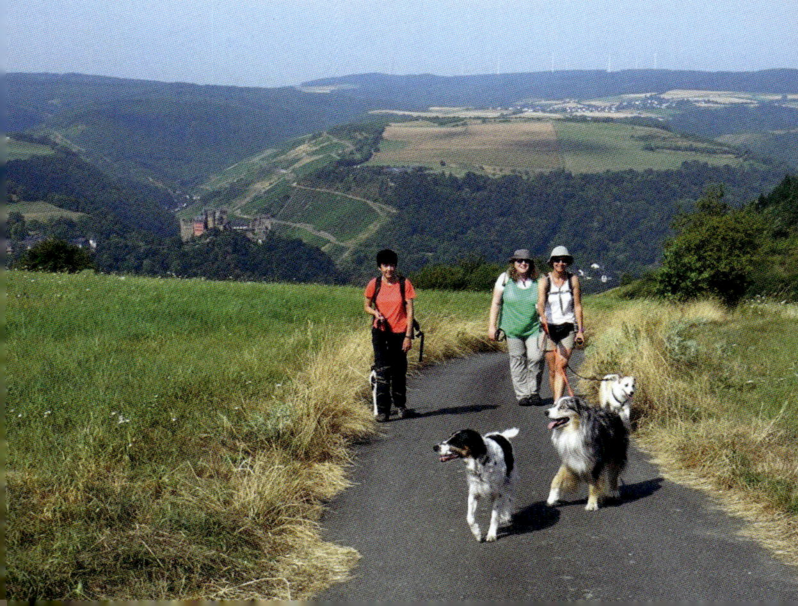

Gaststätte Marktstübchen, Langgasse 25, 56348 Bornich, ☏ 067 71/75 64, www.marktstübchen-bornich.de, ☺ Biergarten, Hunde willkommen, nur nach telefonischer Absprache

Am Ende der Straße biegen Sie links ab und gelangen nach 100 m auf einen Wiesenweg, dem Sie geradeaus folgen. Nach weiteren 100 m gabelt sich der Weg und Sie wählen den rechten Weg, der leicht bergab führt. Der Weg führt Sie über den Bornichbach zu einer asphaltierten Straße, an der Sie links abbiegen.

Sie bleiben auf diesem Weg und stoßen nach 800 m auf den Rheinsteig, der von rechts aus Richtung Loreley kommt. Sie gehen auf dem linken Weg weiter und erreichen nach 700 m eine Bank ❹ mit traumhafter Aussicht auf den Rhein mit Spitznack und den Hof Leiselfeld (km 5,3).

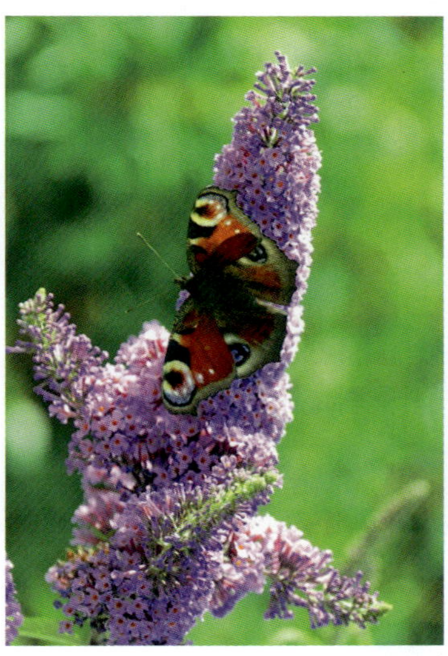

Impression am Wegesrand

Nach einem kurzen Anstieg führt Sie der Rheinsteig wieder steil hinunter ins Urbachtal.

Auf dem Rheinsteig unterwegs zu sein, bedeutet Wandern auf hohem Niveau. Zwischen Bonn, Koblenz und Wiesbaden führt dieser Premium-Wanderweg meist auf schmalen Naturpfaden oder über anspruchsvolle Steige durch Weinberge und natürliche Wälder. Auf einer Gesamtlänge von 320 km verläuft der Weg an Deutschlands bekanntestem Fluss entlang (rechtsrheinisch) und bietet unterwegs spektakuläre Ausblicke, die Sie immer wieder neu überraschen werden.

Viele bezeichnen die Etappe von St. Goarshausen über die Loreley und das Urbachtal nach Kaub, auf der Sie gerade unterwegs sind, als Königsetappe des Rheinsteigs.

Rheinsteig von Wiesbaden nach Bonn von Jonas Bublak, Conrad Stein Verlag, ISBN 978-3-86686-697-3, € 10,90

Sie überqueren den Urbach und nach ca. 700 m beschreibt der Rheinsteig eine Spitzkehre nach rechts ❺ (km 7,7).

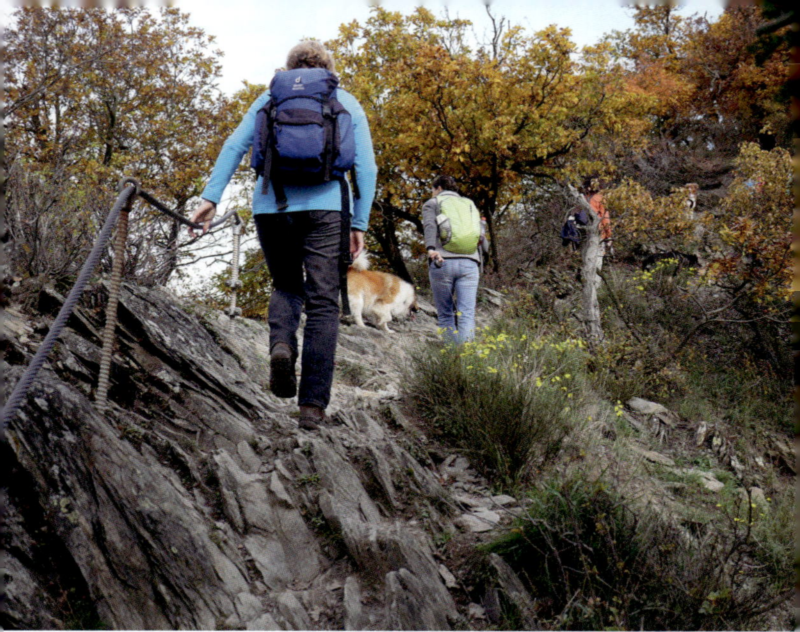

An den Roßsteinen

Sie können hier auf dem Rheinsteig bleiben und über die Roßsteine in ca. 5 km nach Dörscheid wandern (☞ Tour 25: Über den Tellerrand).

Wenn Sie nicht den Weg über die Roßsteine nehmen wollen, verlassen Sie nun den Rheinsteig und bleiben auf dem Weg geradeaus, der parallel zum Urbach verläuft. Sie folgen diesem Weg immer leicht bergauf, bis Sie nach 1,3 km rechts nach Dörscheid abbiegen. Nach ca. 300 m haben Sie wieder den Parkplatz erreicht und können den Wandertag mit einer schönen Einkehr abschließen.

500 m vom Start/Ziel finden Sie in der Oberstraße das Hotel und Restaurant Fetz mit gehobener Gastronomie.

Fetz – Das Loreleyhotel, Oberstraße 19, 56348 Dörscheid, ☎ 067 74/267, www.fetz-hotel.de, aktuelle Öffnungszeiten auf der Webseite, um Reservierung wird gebeten

25 Blick über den Tellerrand

Tour mit vielen Variationsmöglichkeiten

Diese 2-Tages-Rundtour bietet wunderbare Blicke von und zur Loreley und eine kurze Klettersteigpassage am Oelsbergsteig. Sie lässt sich beliebig variieren und anpassen: ob als eintägige Streckentour links- oder rechtsrheinisch, als kinderfreundliche kurze Rundtour ab Oberwesel mit Oelsbergsteig und Skulpturenweg oder als hundefreundliche Tour ohne Klettersteig. Die richtige Einstimmung, um das Weltkulturerbe Oberes Mittelrheintal zu erleben, bietet die Fährfahrt über den Rhein von St. Goarshausen nach St. Goar.

Start/Ziel: St. Goarshausen, Bahnhof, GPS N 50°09.328' E 007°42.901'

1. Tag bis Kaub: 19 km, 2. Tag: 20 km

1.Tag: ca. 5 Std. 30 Min., 2. Tag: ca. 7 Std.

1. Tag: ca. 700 m/700 m, 2. Tag: ca. 950 m/950 m

80-340 m

Rheinburgenweg, Rheinsteig und deren Zustiegswege

schmale Naturpfade im Wechsel mit Wegen über freie Wiesen mit weiten Panoramablicken ins Rheintal

Filmhaus Günderode (km 8,5), Burg Bistro auf Schönburg (km 10,7), Hotel Fetz (km 22), Biergarten Leiselfeld (km 32,2), Wein-Wanderhof Secthaus Delicat (am Start/Ziel in St. Goarshausen)

unzählige schöne Rastplätze mit Aussicht

Deutsches Haus Kaub (km 19), Hotel zum Turm (km 19)

Die Tour ist für Kinder eigentlich zu lang. ☺ Rundtour ab Oberwesel mit Klettersteig und Skulpturenweg

Diese Wanderung enthält immer wieder kurze Teilstücke, die für Wanderer mit Buggy nicht zu empfehlen sind.

Der Klettersteig Oelsbergsteig zwischen Urbar und Oberwesel ist für Hunde nicht zu empfehlen. ☺ Variante über Skulpturenweg und Günderoder Filmhaus

P am Bahnhof St. Goarshausen

Fähre St. Goarshausen – St. Goar (km 0,3), Fähre Engelsburg – Kaub (km 17)

Bahnhof St. Goarshausen, Bahnhof Kaub: RheingauLinie SE10 FFM/Wiesbaden – Koblenz, alle 30 Min.

☺ kombinierbar mit Tour 24: Durchs wildromantische Urbachtal

Sie beginnen diese links- und rechtsrheinische Rundtour am Bahnhof in St. Goarshausen. Hier gehen Sie zunächst links Richtung Fähre und überqueren mit ihr den Rhein.

 Fähre Loreley, Bahnhofstr. 15, 56346 St. Goarshausen, ☏ 067 71/26 20, www.faehre-loreley.de, Mo-Sa 5:30-24:00, So und Fei 6:30-24:00

In St. Goar angekommen verlassen Sie die Fähre, halten sich rechts und biegen gegenüber des Infoschalters der KD-Schifffahrtslinie in eine kleine Gasse, die Bahnhofstraße, ein. Die Straße macht eine leichte Rechtskurve und führt Sie an der Stiftskirche und dem Bahnhof vorbei. An der Kirche finden Sie auch die ersten Markierungen, die auf den Rheinburgenweg (RBW) hinweisen.

Sie laufen durch die malerische Altstadt von St. Goar und biegen am historischen Bahnhofsgebäude links ab. Nach einer Unterführung haben Sie den RBW erreicht, an dem Sie sich links, in Richtung Oberwesel, halten. Gleich zu Beginn fordert Sie der RBW mit einem strammen Aufstieg über einen Treppenweg heraus. Doch die Belohnung in Form von wunderbaren Ausblicken lässt nicht lange auf sich warten. Sie kommen zum Rastplatz Wackenberg mit Hütte. Sie haben hier einen herrlichen Blick auf die Burg Rheinfels und St. Goar. Auf der gegenüberliegenden Rheinseite sehen Sie St. Goarshausen und die Burg Katz, links davon die Burg Maus.

 GC4N6PG Biebernheim #4 Wackenberg, Schwierigkeit 1,5, Gelände 1,5, Tradi, Micro

Nun wandern Sie auf ebener Strecke über freie Wiesen und Felder zum nächsten Aussichtspunkt, dem Rastplatz Loreleyblick mit Hütte (km 2).

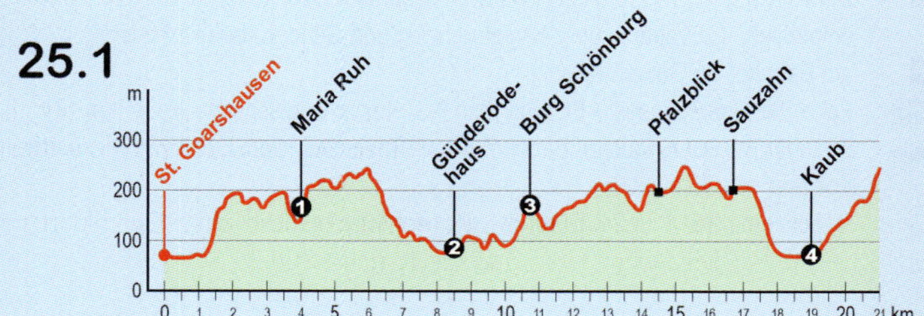

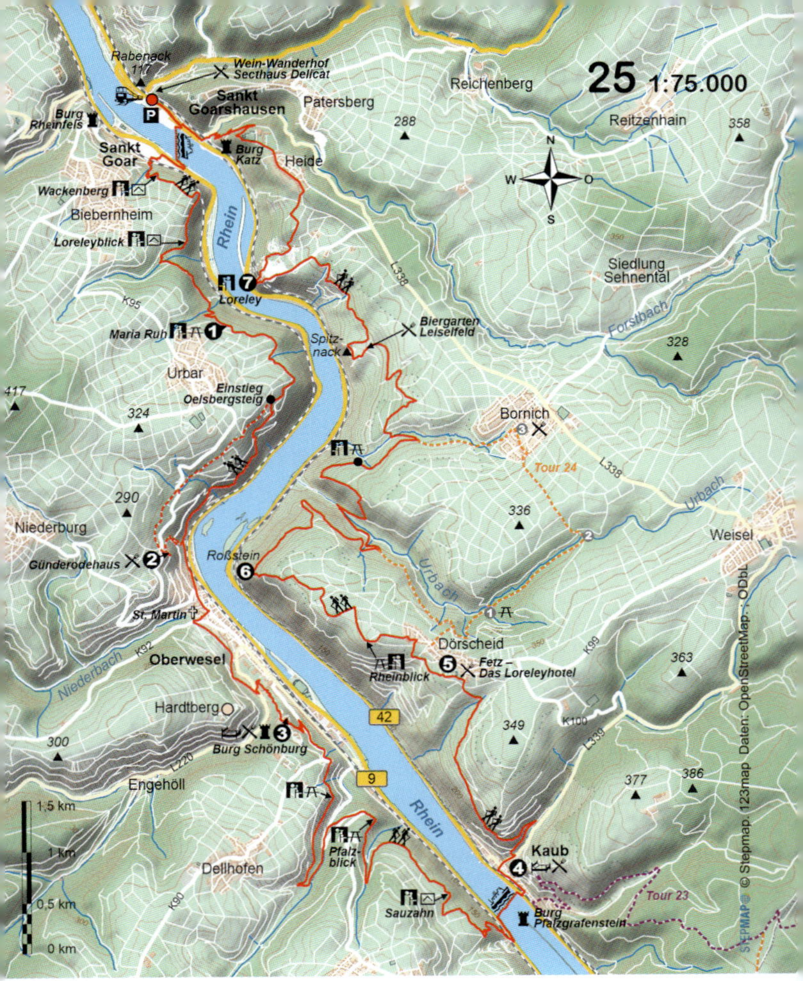

Wie der Name es verspricht, haben Sie hier einen prächtigen Blick auf die gegenüberliegenden Loreleyfelsen und die schmale Schlucht, durch die der Rhein hier fließt.

Bei diesem Anblick wird deutlich, wie gefährlich diese enge Durchfahrt mit den unter Wasser liegenden Felsen und tückischen Strudeln ist.

 GC4EKVM Biebernheim #6 Loreleyblick, Schwierigkeit 2, Gelände 2, Tradi, Small

Der RBW ist bestens markiert und sehr gut zu laufen. Naturbelassene, schmale Waldpfade wechseln sich mit Wegen über freie Wiesenflächen ab und immer wieder bieten sich wunderschöne Panoramablicke. Sie erreichen den Rastplatz Maria Ruh mit vielen Tischen und Bänken ❶ (km 4) und einer Gedenktafel zu Ehren des Schöpfers des Loreleyliedes

„Ich weiß nicht, was soll es bedeuten, daß ich so traurig bin. Ein Märchen aus uralten Zeiten, das kommt mir nicht aus dem Sinn ..." – so beginnt das Loreleylied, das 1823 von Heinrich Heine geschrieben wurde und seit seiner Vertonung zum deutschen Liedgut zählt. Es erzählt von der wunderschönen Meerjungfrau Loreley, die auf einem Felsen sitzend ihr goldenes Haar kämmt und mit ihrem Gesang die Seeleute so verzaubert, dass diese nicht mehr auf die gefährlichen Riffe und Strudel im Fluss achten. Ihre Schiffe zerschellen an den Felsen und werden von den Wellen verschlungen.

Sie wandern weiter den Panoramaweg RBW entlang und können sich am nächsten Rastplatz Oelsbergsteig (km 5,5) entscheiden, ob Sie über den Oelsbergsteig, einen Klettersteig mit alpinem Charakter, weitergehen wollen, oder ob Sie den einfacheren Skulpturenweg bevorzugen. Für den Oelsbergsteig sollten Sie trittsicher und schwindelfrei sein, aber bis auf eine Schlüsselstelle ist er insgesamt eher einfach zu begehen und auch für sportliche Kinder ab ca. 12 Jahren gut geeignet.

☺ Für Kinder eignet sich ein kleiner Rundwanderweg, den Sie in Oberwesel starten können (Track zum Download). Sie gehen über den Oelsbergsteig bis zum Rastplatz Oelsbergsteig und wandern dann über den Skulpturenweg und das Günderode-Filmhaus zurück nach Oberwesel. (↻ ➲ 6 km)

☺ Hundebesitzer sollten unbedingt die Strecke über den Skulpturenweg wählen. Der Klettersteig ist für Hunde nicht zu empfehlen.

Beide Wege sind sehr gut markiert. Der Oelsbergsteig folgt der Markierung des RBW und der Skulpturenweg ist mit einem B auf gelbem Untergrund als Variante des RBW gekennzeichnet. Egal, für welchen Weg Sie sich entscheiden, Sie sollten sich eine Einkehr im Günderode-Filmhaus nicht ❷ entgehen lassen.

Vom Oelsbergsteig kommend führt Sie am Ende der Weinberge ein gut beschilderter Pfad nach rechts steil bergauf zum Günderodehaus.

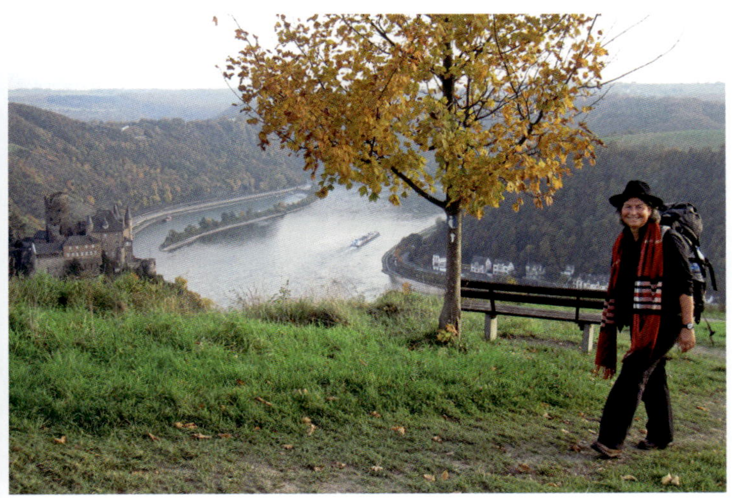

Am Oelsbergsteig

Edgar Reitz ist ein deutscher Regisseur, der mit seiner Filmtrilogie „Heimat" deutsche Fernsehgeschichte schrieb. Der erste Teil erzählt die Geschichte der bäuerlichen Familie Simon aus dem fiktiven Ort Schabbach im Hunsrück. Angefangen 1919 begleitet der Film die anfangs 19-jährige Maria Simon bis zu ihrem 82. Lebensjahr. In „Die 2. Heimat" erlebt Marias Sohn Hermann die Münchner Studentenszene der 1960er-Jahre. Der letzte Teil der Trilogie, „Heimat 3", beginnt mit dem Berliner Mauerfall und endet mit der Jahrtausendwende. Einer der Hauptschauplätze des dritten Teils ist das Günderode-Haus bei Oberwesel.

Hier lassen sich immer noch die original eingerichteten Zimmer der Filmkulisse bestaunen und auf der Terrasse können Sie bei Kaffee und Kuchen einen herrlichen Blick auf den Rhein genießen.

Restaurant Günderodehaus, Siebenjungfrauenblick, 55430 Oberwesel, ☏ 067 44/714 011, www.guenderodefilmhaus.de, Di-So 12:00-18:00, Mo Ruhetag, Tischreservierung empfehlenswert

Der RBW führt Sie auf gut markierten Wegen durch Oberwesel hindurch. Sie passieren die Kirche St. Martin und laufen ca. 600 m an der historischen Stadtmauer entlang, bis Sie in ein Wohngebiet gelangen. Nach dem Wohngebiet folgt der steile Aufstieg entlang des Elfenlays zur Burg Schönburg ❸.

Burg Schönburg, Auf Schönburg, 55430 Oberwesel, 067 44/939 30, www.hotel-schoenburg.com, Ü/HP im EZ ab € 120, im DZ € 220 bis € 370, nicht erlaubt, Burg-Bistro tägl. 12:00-16:30, Restaurant, zurzeit geschlossen

Nach einem steilen Abstieg über schmale Pfade führt der RBW ca. 600 m an der Straße entlang, bis Sie an einem sehr hübschen Aussichtspavillon in die Weinberge abbiegen.

Der Weg führt Sie ca. 1 km vom Rhein weg, denn Sie müssen ein weites Tal auslaufen. Asphaltierte Wirtschaftswege bringen Sie schließlich zum nächsten Aussichtspunkt Pfalzblick (km 14,5). Von hier aus haben Sie einen schönen Blick auf die Burg Pfalzgrafenstein im Rhein und das auf der anderen Rheinseite gelegene Kaub, Ihr heutiges Etappenziel.

Ca. 900 m nach dem nächsten Rastplatz mit Grillhütte (Sauzahn, km 17) biegt ein schmaler, unscheinbarer Weg, der in Richtung Kaub führt, links ab.

GC4JN8T Sauzahn, Schwierigkeit 2, Gelände 2, Tradi, Small

Über einen recht zugewachsenen, schmalen Pfad geht es steil nach unten bis zur B9, wo Sie nur 300 m von der Fähre nach Kaub entfernt aus dem Wald kommen. Sie überqueren die Bahnstrecke und die B9 und biegen am Rhein-Radweg links ab, in Richtung Fähre.

Fähre Kaub, Schulstraße 26, 56349 Kaub, 01 71/331 03 75, www.faehre-kaub.de, Mo-Sa 6:00-20:00, So und Fei 8:00-20:00, Okt-März 8:00-19:00

Sie setzen mit der Fähre über, überqueren die Rheinuferstraße und die Bahnlinie, biegen links ab in die Zollstraße und erreichen die historische Altstadt von Kaub ❹. Hier finden Sie einige Übernachtungsmöglichkeiten.

Deutsches Haus, Schulstraße 1, 56349 Kaub, 067 74/266, www.hotel-deutsches-haus-kaub.de, kirdorf@hotel-deutsches-haus-kaub.de, ÜF im EZ ab € 42,50, Familienzimmer (3 Betten) ab € 97,50, € 5, Lunchpaket möglich

♦ Hotel zum Turm, Zollstraße 50, 56349 Kaub, 067 74/922 00, www.rhein-hotel-turm.de, info@rhein-hotel-turm.de, ÜF im EZ ab € 78, DZ ab € 98, auf Anfrage ab € 9, Kurzzeitaufschlag für eine Übernachtung

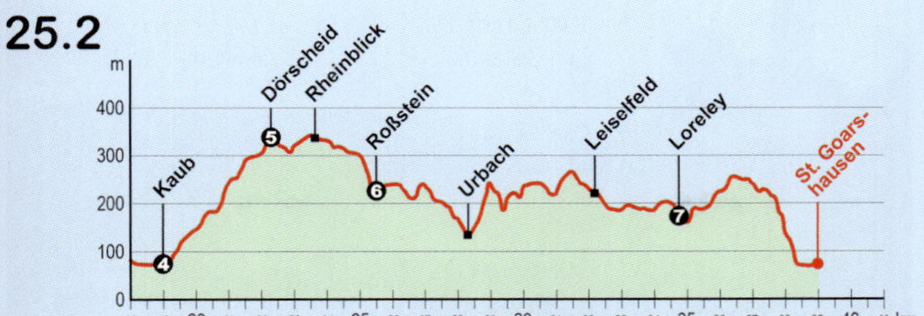

Am nächsten Tag geht es entlang des Rheinsteigs zur Loreley. Dazu orientieren Sie sich zunächst am Marktplatz und der Kirche St. Nikolaus. Sie folgen nun der Blücherstraße stadtauswärts und biegen nach ca. 180 m links ab. Die Markierung des Rheinsteigs bringt Sie über einen Treppenweg bergauf und Sie passieren einen alten Wachturm. Sie gehen stetig weiter bergauf, erst durch Weinberge und später durch lichten Wald und Wiesen, bis Sie nach 3,5 km Dörscheid ❺ erreichen.

✕ Fetz – Das Loreley Hotel, Oberstraße 19, 56348 Dörscheid, ☏ 067 74/267, www.fetz-hotel.de, aktuelle Öffnungszeiten auf der Webseite, um Reservierung wird gebeten

Der Rheinsteig begleitet Sie durch Dörscheid und später über weite Wiesen an einem schönen Rastplatz mit Aussicht vorbei.

Am Roßstein ❻ (km 25,5) geben eingebaute Drahtseile Sicherheit, sodass diese leichte Kletterstelle gut zu meistern ist. Teils über schmale Pfade, teils über breitere Forstwege führt der Rheinsteig bergab ins tief eingeschnittene Urbachtal. Im Bachgrund geht es über eine Brücke und dann wieder steil bergauf.

Kurz vor der Einkehrmöglichkeit Leiselfeld beginnt der Kunst- und Literaturpfad Loreley, auf dem jedes Jahr unter einem anderen Motto internationale Künstler ihre Werke präsentieren.

✕ Biergarten Leiselfeld (km 32,2), Leiselfeld 1, 56348 Bornich, ☏ 067 71/14 20, die Öffnungszeiten sind witterungsabhängig, bitte vorher nachfragen

Dem Kunst- und Literaturpfad und im weiteren Verlauf dem Weinlehrpfad folgend wandern Sie durch die Weinberge zur weltberühmten Loreley.

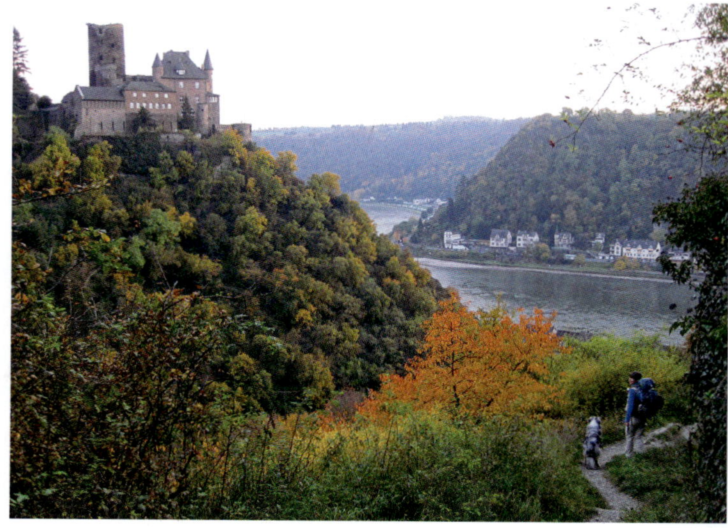

Burg Katz

Von der Aussichtskanzel ❼ (km 34) haben Sie einen herrlichen Blick auf die gegenüberliegende Seite. Sie erkennen Maria Ruh und rechts davon den Loreleyblick – zwei Aussichtspunkte, an denen Sie gestern noch gestanden haben. Der Rheinsteig führt nun weiter über das Open-Air-Festivalgelände der Loreley.

Von Mai bis Oktober finden hier an Wochenenden oft Konzerte statt. So kann es passieren, dass Sie sich plötzlich inmitten von Heavy-Metal-Fans wiederfinden oder von Folklore beschallt werden. Bitte informieren Sie sich vorher unter www.loreley-freilichtbuehne.de.

Am Besucherzentrum Loreley gehen Sie leicht bergauf und wandern gemütlich über Wiesen zum Ortsteil Heide. Sie gehen durch den Ort, wandern am Sportplatz vorbei und gelangen auf einen Pfad, der an der Burg Katz vorbei nach St. Goarshausen führt. An der Rheinstraße biegen Sie rechts ab und erreichen nach 600 m den Bahnhof, Start- und Zielpunkt dieser Tour.

Wein-Wanderhof Secthaus Delicat, Nastätterstraße 1, 56346 St. Goarshausen, ☏ 067 71/949 09, www.traenen-der-loreley.de, Mai-Okt Sa, So, Fei und Brückentage 11:00-19:00, Öffnungszeiten können variieren, für Gruppen nach Vereinbarung